国家文化产业资金支持媒体融合重大项目

21世纪高等教育会计通用教材

省级精品课程配套教材

会计学综合模拟实验

（第四版）

Kuaijixue Zonghe Moni Shiyan

李占国　郭忠睿　主编

东北财经大学出版社
Dongbei University of Finance & Economics Press
大连

图书在版编目（CIP）数据

会计学综合模拟实验 / 李占国，郭忠睿主编．—4版．—大连：东北财经大学出版社，2023.2（2025.4重印）
（21世纪高等教育会计通用教材）
ISBN 978-7-5654-4753-2

Ⅰ．会…　Ⅱ．①李…②郭…　Ⅲ．会计学-高等学校-教材　Ⅳ．F230

中国版本图书馆CIP数据核字（2022）第255174号

东北财经大学出版社出版
（大连市黑石礁尖山街217号　邮政编码　116025）
网　　址：http://www.dufep.cn
读者信箱：dufep@dufe.edu.cn
大连图腾彩色印刷有限公司印刷　　东北财经大学出版社发行

幅面尺寸：285mm×205mm　字数：328千字　印张：16.25　插页：15
2023年2月第4版　　2025年4月第5次印刷

责任编辑：包利华　　责任校对：张晓鹏
封面设计：冀贵收　　版式设计：原　皓

定价：43.00元

教学支持　售后服务　　联系电话：（0411）84710309

如有印装质量问题，请联系营销部：（0411）84710711

第四版前言

习近平总书记在党的二十大报告中明确指出：“教育是国之大计、党之大计。培养什么人、怎样培养人、为谁培养人是教育的根本问题。育人的根本在于立德。全面贯彻党的教育方针，落实立德树人根本任务，培养德智体美劳全面发展的社会主义建设者和接班人。坚持以人民为中心发展教育，加快建设高质量教育体系，发展素质教育，促进教育公平。”这为广大的教育工作者指明了前行的方向，我们要将此精神贯穿在教材编写过程中。

法规、制度最新变化与教材内容调整

《会计学综合模拟实验》自2017年10月面世以来，其编写体例、版式设计和编写风格，开创了会计实训教材编写的先河，得到了广大读者的认可和好评。在此期间会计准则及税收法规发生了许多变化，对会计实验教学产生了诸多影响，本次修订除秉承第三版的编写风格和基本内容外，主要体现在以下几个方面：

第一，适当超前，增值税纸质发票和电子发票更新为“全电发票”。❶顾名思义，“全电发票”就是全面数字化电子发票，是由税务局为实现发票全领域、全环节、全要素电子化的目的所推行的一种以过去的电子发票为基础所进化的发票形式。❷“全电发票”是一种全新增加的票种，没用联次，也就是只有一联；没有发票代码，只有发票号码并具有唯一性，如同身份证号一样；“购买方信息”和“销售方信息”栏变得更加简洁，只有名称和税号，不再有银行账号和地址；无须使用税控专用设备，无需办理发票票种核定，无需领用全电发票，使用电子发票服务平台即可开票。❸自2022年4月1日起，在广东地区（不含深圳市）、上海市、内蒙古自治区的部分纳税人中开展“全电发票”试点；自2022年8月28日起全国都可以接收“全电发票”。

第二，按照最新会计准则，职工福利支出与分配同时进行。职工福利由原来按照工资总额14%计提并计入有关资产成本和期间损益，改为用于职工的各种福利费支出，在借记“应付职工薪酬——职工福利”账户、贷记“银行存款”等账户的同时，根据受益对象和比例分配计入有关资产成本和期间费用，借记“生产成本”等成本费用类账户，贷记“应付职工薪酬——职工福利”账户。

第三，按照会计实务，更新银行结算方式。将实际工作中不常用的“委托收款”“转账支票”等银行结算方式，大多数更新为“企业网银”结算方式。

通过本书的学习，学生可以快速、全面地将会计学的基本知识活学活用并融会贯通：❶增强感性认识，包括：认识“账为何物”、明确“账从何来”、清楚“账有何用”；❷从整体上把握各种核算方法之间的联系，达到进一步提高学生的会计综合职业能力之目的；❸培养学生对会计工作的“三心”（耐心、细心、责任心）并强化其会计的“专业意识”；❹为“中级财务会计”等后续专业课程的顺利学习和将来从事会计工作奠定坚实的基础。

本教材第四版由上海建桥学院李占国和郭忠睿任主编，上海电机学院王子军和刘立佳任副主编，山西省文化旅游投资控股集团有限公司高级会计师尚永康（注册会计师、法律职业资格）提供了会计实践和税收实践案例素材，并从会计实务的角度对原始凭证的格式及填制方法等有关内容进行指导。

教材的编写与修订是一项非常具体和细致的工作，尤其是会计模拟实验教材涉及大量的、前后连贯并具有钩稽关系的数据，其中的艰辛和工作量之大是可想而知的。尽管我们付出了极大努力，但书中难免仍有不妥之处，恳请读者批评指正。

参考答案索取联系方式如下：

电话：0411-84711800

邮箱：184510119@qq.com

任课教师也可通过QQ扫码以下二维码进入讨论群索取答案：

会计实训教学交流群

作　者

2023年2月

第三版前言

会计教育是一种普及性教育。在我国，高等院校的经济和管理类非会计专业已将“会计学”课程作为学科基础课程或核心课程之一。会计作为一门应用性较强的学科，非经实践操作难以理解和掌握。由于客观实际情况的限制，各个高校都将模拟实验教学搬入课堂，为此，编写一本适用于非会计专业进行会计实验教学的《会计学综合模拟实验》教材，就显得十分必要。通过会计模拟实验：❶可以使理论课上学到的知识“翻译”成单证、账表，将会计实务工作搬到课堂上来，从而使学生得到“实弹演习”的机会，增强知识的“立体感”，认识“账为何物”、明确“账从何来”、清楚“账有何用”；❷帮助学生对企业会计核算的全过程有一个比较清晰、完整、系统的认识，达到进一步提高学生的会计综合职业能力之目的。

更新勘误

法规、制度最新变化与教材内容调整

本教材自2017年出版以来，以其内容丰富并紧跟会计实务发展、重点突出与系统条分缕析、版式设计新颖与科学合理、实验资料齐全与操作方便等为特色，深受广大读者的喜爱。在此期间，企业会计准则与税收法律、法规发生了重大变化，应出版社的要求，我们进行了本次修订，修订后的本书主要内容和特色如下：

第一，培根铸魂，立德树人，加强课程思政建设。结合专业特点与教材内容设计了“会计论道与素质教育”栏目：❶穿插有“一张讨债单”“天堂和地狱”“自己建造的房子”“贪婪的猴子”等8个趣味性小故事，通过“教授寄语”的方式进行画龙点睛并传递正能量；❷以“新闻速递”二维码的形式，搜集整理新闻报道上市公司财务造假及资本市场风险等8个案例视频。潜移默化地培养学生的专业诚信意识、职业精神和工匠精神，以及法治意识与风险防范意识。

第二，项目完整，格式仿真。❶本实验教材按照“做中学、学中做、学做合一，实现理论与实践一体化教学”进行内容设计。❷本实验教材涵盖了建账、日常会计事项处理、费用归集分配、成本计算、期末会计事项处理、会计报表编制和会计档案管理，有助于学生全面了解会计工作的流程，有效掌握会计核算的具体方法。❸本教材的原始凭证都直接来源于实际工作单位并彩色印刷；所给出的企业法人营业执照、预留银行印鉴卡等与实际工作中完全相同，有效减少二次学习。

第三，体现最新税收法规的变化。按照《关于深化增值税改革有关政策的公告》（财政部　税务总局　海关总署公告2019年第39号），有关“增值税一般纳税人（以下称纳税人）发生增值税应税销售行为或者进口货物，原适用16%税率的，税率调整为13%；原适用10%税率的，税率调整为9%”“纳税人购进国内旅客运输服务，其进项税额允许从销项税额中抵扣”等的规定，对本教材中涉及的有关内容进行了调整。

第四，体现最新会计准则、制度的变化。❶按照财政部《关于修订印发2019年度一般企业财务报表格式的通知》（财会〔2019〕6号）的规定，对本教材中涉及的有关内容进行了调整；❷根据《会计基础工作规范》（财政部令第98号，2019年修订）的要求，对账簿的登记方法和结账方法，在附录“会计学综合模拟实验用空白记账凭证、账页及封皮”中，以11月份的账簿记录进行了示范，包括“本日合计”“承前页”“转次页”“月结”“本年累计”的登记及结账的画线方法等规范。

第五，体现了所得税按月度预缴纳税申报表与利润表“本年累计金额”栏的填制内容。❶结合规范的账簿结计方法，在期初建账数据中给出了损益类账户11月末累计发生额（本年累计）；❷有利于对企业所得税按月度据实纳税申报这一重点、难点教学内容的理解与学习；❸有利于对利润表编制有关栏目的填制与理解。

第六、加强立体化教学资源建设，内容丰富便教利学。为保证教学活动的顺利开展，本教材配套了丰富的教学资源：❶包括三个教学文件、完整的参考答案、实训操作过程的PPT课件等传统的教学资源。❷依托出版社二维码平台，开发了便于教师讲授和有利于学生自主学习的“会计小幽默”“会计记账技术”“业务提示”“会计微课视频”等多种形式的教学资源。❸将会计交易或事项的账务处理提示与要求，以二维码的形式列示于每笔会计交易或事项第一张原始凭证的旁边，既方便学生自主学习，又减少了教师的指导工作量并节约了大量篇幅。

第七，实训材料齐全，操作方便性强。❶本教材提供了全部实验操作所用的空白凭证、账簿、报表等材料，不需要另行配置；❷本教材采用单面印刷和沿书脊钢模压线（孔），便于实验操作时撕裁；❸实验操作开始时，先将本书附录给出的空白日记账、明细账、总账、账簿封面和封底等沿书脊右（下）侧的钢模压线（孔）撕下，将各账簿按照顺序整理加具相应的封面、封底后，日记账、总账用订书机沿装订线打钉装成订本式账簿，明细账用账绳从装订孔穿过并打活结成活页式账簿；❹本教材所给空白记账凭证、账簿留有一定的余量，便于学生做错时替换；❺本教材提供了实验所需准备物品清单、传票销号单等。

第八，增设“法规、制度最新变化与教材内容调整”二维码。为弥补纸质教材滞后的缺陷，及时更新教材中涉及的有关税收法规与会计准则、制度变化的内容，以及对教材中出现的错漏及时进行更正与补充，在前言首页的右上角设置一个“法规、制度最新变化与教材内容调整”的二维码，将及时添加与更新最新税收法规、会计准则制度的变化内容，以及对本教材的影响与教学内容的变化，同时，对教材在使用中发现的错漏内容及时进行勘误。

本版修订教材由上海建桥学院李占国、石启辉任主编，上海电机学院王子军、刘立佳任副主编，从事会计实务工作者文峰、施益忠参与了部分编写修订工作，最后由李占国教授总纂定稿。

教材编写是一项非常具体和细致的工作，尤其是会计模拟实验教材涉及大量的、前后连贯并具有钩稽关系的数据，其中的艰辛和工作量之大是可想而知的。尽管我们付出了极大努力，但教材中难免仍有不妥之处，恳请读者批评指正。

参考答案索取联系方式如下：

电话：0411-84711800

邮箱：184510119@qq.com

任课教师也可通过QQ扫描以下二维码进入讨论群索取答案：

会计实训教学交流群

作　者

2020年2月

目　　录

二维码资源导航

- 会计论道与素质教育
  - 砌墙工人的命运；东芝公司亏损造假　昔日500强跌落神坛
  - 囚徒困境；零容忍全覆盖　严惩资本大鳄
  - 薪酬差别；躲在20㎡房间　疯狂造假5.8亿
  - 君子报仇；左右倒手关联交易　青鸟华光被处罚
  - 贪婪的猴子；与华尔街与狼共舞　小米上市艰难历程
  - 一张讨债单；粉饰报表伪造单据　华锐风电“吃”顶格罚单
  - 天堂和地狱；内部控制缺失　会计蚂蚁搬家挪走公款600万元
  - 自己建造的房子；谎言连环套中套　物流账单露马脚
- 税收政策变化
  - 增值税税率变化及“营改增”历程
  - 购进国内旅客运输服务进项税额抵扣
  - 小型微利企业所得税优惠
  - 小型微利企业判定标准
- 会计小幽默
  - 幽默会计给女友的情书
- 传统国学文化
  - 会计达人的工作、学习与生活古诗词对答
- 会计微课视频
  - 学会计的10个理由
  - 企业寓言：会计情商培养
  - 小型微利企业所得税优惠
  - 全面深化增值税改革
  - 细说“六税两费”减征的政策规定
  - 小微企业所得税优惠咋享受
  - 手工穿线装订方法
  - 热熔一体机装订方法
  - 购进国内旅客运输服务进项税额抵扣
  - 企业所得税优惠政策解读
  - 会计记账小写金额书写规范
  - 错账更正：划线更正法
  - 错账更正：红字更正法（一）
  - 错账更正：红字更正法（二）
  - 错账更正：补充登记法
- 会计记账技术
  - 甲式账的登记方法
  - 乙式账的登记方法
  - 多栏式明细账的登记方法
  - 库存现金日记账的登记方法
  - 总分类账的登记——逐笔登记法
  - 总分类账的登记——汇总登记法
  - 结算类明细账的结账方法
  - 损益类明细账的结账方法
  - 银行存款日记账的结账方法
  - 总分类账的结账方法

会计达人的工作、学习与生活古诗词对答

学会计的10个理由

第一章 绪 论

一、会计学综合模拟实验的意义

会计学综合模拟实验，是高等院校会计专业、财务管理专业和审计专业以外的经济管理类专业学生职业能力培养的一门技能训练课程，既是会计学理论教学的必要补充，又是后续专业课程理论教学及模拟实验的基础。学生在学完“会计学”课程后，应进行一次较为完整、系统的会计核算的实际操作。

作为会计职业能力培养的一门专项技能实操课程，本书整合了制造业企业典型的会计交易或事项，按照会计核算程序，从建账开始，经过填制和审核原始凭证及记账凭证、登记明细账和总账，最后编制会计报表，完成一个会计循环。通过模拟实验：❶完整地掌握《会计学》教材各章节之间的联系，加深对会计循环的理解；❷掌握会计操作的基本技能，锻炼学生的实际工作能力；❸培养学生良好的工作作风和职业素养。

二、会计学综合模拟实验的内容

企业寓言：会计情商培养

（1）认知企业及会计工作，包括：了解企业基本情况、企业内部会计制度、会计工作组织方式。

（2）建账，包括：熟悉建账流程，建立账簿文件，设置会计科目，登记期初金额。

（3）日常经济业务的处理，包括：银行借款和接受投资、存货采购及付款、固定资产和无形资产购进及付款、一般销售及应收款项的核算等。

（4）成本核算与期末经济业务的处理，其中，成本核算包括：材料费用、职工薪酬、折旧费用、水电费用等成本费用的归集与分配以及产品成本的计算；期末经济业务的处理包括：计提费用、计算结转本月应交的各种税费、结转损益、计算利润和利润分配。

（5）会计报表的编制，包括：❶期末进行试算平衡与对账和结账；❷编制资产负债表；❸编制利润表。

（6）会计档案的归档与保管，包括：会计凭证的装订及保管、会计报表及会计账簿的装订及保管。

幽默会计给女友的情书

三、模拟实验企业概况介绍

（1）营业执照：❶企业名称、法定代表人、地址及电话：光明市永春机械公司，李永春；光明市建设路68号，0513-98706543。❷注册资金：人民币捌佰伍拾万元整（8 500 000元）。其中：港城投资公司、海虹机械公司分别占60%和40%。❸企业类型与统一社会信用证代码（纳税人识别号）：有限责任公司，91310040213456070M；该公司被认定为非小型微利企业。❹经营范围及主要产品：机械产品生产与销售；AH-15型车床（简称A产品）、BH-16型车床（简称B产品）。营业执照如图1-1所示。

（2）机构设置及负责人：财务科（钱一凡）；供销科（卜发愁）；办公室（赵婉茹）；生产车间（高安全）。

（3）开户银行及账号以及预留银行印鉴：❶中国工商银行光明市支行（简称“工行光支”），230045006；❷预留银行印鉴，是开户银行对企业签发票据所盖印鉴进行比对的依据，预留银行印鉴卡如图1-2所示。

营业执照

统一社会信用代码 91310040213456070M

证照编号 150000002016022300798

名　　称 光明市永春机械公司

类　　型 有限责任公司（国内合资）

住　　所 光明市建设路68号

法定代表人 李永春

注册资本 人民币850万元整

成立日期 2019年2月23日

营业期限 2019年2月23日 至 2039年2月22日

经营范围 工业用、民用、特殊用机械产品的生产加工和销售；机械产品的技术开发、转让、咨询和服务。

【依法须经批准的项目，经相关部门批准后方可开展经营活动】

登记机关

2019 年 02 月 23 日

图 1-1　营业执照

小型微利企业判定标准

小型微利企业所得税优惠

中国工商银行光明市支行印鉴卡

启用：2019 年 2 月 23 日

注销：　年　月　日

地址：光明市建设路68号

电话：0513-98706543

经办人：钱一凡

复核人：冯海霞

备注：

账号	230045006	账户性质	基本存款账户

图 1-2　预留银行印鉴卡

四、模拟实验企业会计核算制度

（一）会计核算形式及凭证账簿组织

（1）会计核算形式。模拟实验企业采用科目汇总表账务处理程序，每半个月编制一次科目汇总表，并根据科目汇总表登记一次总账，明细账根据原始凭证和记账凭证逐笔登记。

（2）记账凭证种类。模拟实验企业使用复式记账凭证，分收款凭证、付款凭证和转账凭证三种类型。记账凭证按月、按类别连续编号。

（3）开设账簿及格式。模拟实验企业开设库存现金日记账、银行存款日记账、总账、明细账。总账和日记账账页均采用三栏式，明细账账页根据需要分别选用甲式（三栏式）、乙式（数量金额式）和多栏式。

（二）存货核算制度与方法

（1）原材料、库存商品明细核算。❶原材料、库存商品明细核算采用账卡合一方式，即在仓库设置一套原材料明细账和库存商品明细账；❷平时由仓库保管员根据“收料单”（简称“收”字）、“领料单”（简称“领”字）、“产品入库单”（简称“入”字）、“产品出库单”（简称“出”字）的仓库联登记收发数量；❸记账会计每月月末核对收发数量并进行计价。

（2）原材料、库存商品收发的计价。原材料、库存商品的收发均按实际成本计价。❶发出单价按月末一次加权平均法计算；❷月末一次加权平均单价尾差计入结存金额。

（3）“原材料”明细账的登记方法。❶“原材料”明细账的“收入”栏根据“收料单”（仓库联）登记数量、单价和金额（本实验教材为节省篇幅只给出财务联，故财务联替代仓库联，一联两用）；❷“原材料”明细账的“发出”栏，平时根据“领料单”登记其数量，并将“领料单”妥善保管；❸月末由材料会计根据各材料明细账月初结存数量和金额、本月收入数量和金额，按月末一次加权平均法计算发出材料的单价，该单价乘以本月领用数量的合计，得出并登记发出材料的金额；❹月末根据“领料单”分品种、用途或部门汇总其领用数量，再乘以加权平均单价，编制“发料凭证汇总表”。

（4）“库存商品”明细账的登记方法。❶“库存商品”明细账的“收入”栏，平时根据“产品入库单”（财务联替代仓库联，一联两用）登记收入数量，并将产品入库单妥善保管；❷月末根据“库存商品”明细账中结出的入库数量及“生产成本”明细账中的总成本和单位成本，编制“完工产品成本计算汇总表”（“产品入库单”作为该汇总表的附件）；❸根据该汇总表登记“生产成本”明细账月末的本月合计行、“收入”栏（或“借方”栏）的单价和金额；❹“库存商品”明细账的“发出”栏，平时根据“产品出库单”登记发出数量；❺月末根据各“库存商品”明细账月初结存数量和金额、本月收入数量和金额，按“月末一次加权平均法”计算发出产品的单价，根据该单价及其乘以发出数量合计，登记“库存商品”明细账的“发出”栏的单价和金额；❻根据“库存商品”明细账的“发出”栏，编制“产品销售成本汇总计算表”。

（三）固定资产的核算

（1）固定资产的分类。固定资产分为“房屋建筑类”和“机器设备类”两大类，并按其设置二级明细账。

（2）固定资产折旧方法与折旧率。固定资产采用平均年限法分类计提折旧。其中，车间生产设备的月折旧率为0.8%，车间房屋的月折旧率为0.4%，管理用设备的月折旧率为0.6%，管理用房屋的月折旧率为0.2%。

（3）固定资产修理费用。按现行会计准则规定，固定资产的修理费用计入资产成本或管理费用。

（四）费用与成本

（1）职工福利费用。❶用于职工的各种福利费支出，应先借记“应付职工薪酬——职工福利”账户，贷记“银行存款”等账户，再根据受益对象和受益比例分配计入有关资产成本和期间费用，借记“生产成本”等成本费用类账户，贷记“应付职工薪酬——职工福利”账户。❷全年用于职工的各种福利支出，超过全年工资总额14%的部分，应调增应纳税所得额，缴纳企业所得税。

（2）费用分类与成本计算方法。❶费用按照经济用途进行分类，其中：直接材料、直接人工和制造费用计入产品成本，其余计入期间费用；❷采用“品种法”（简单法）计算产品成本；❸月末在产品成本计算采用定额法，为简化核算，直接给出月末在产品成本；❹制造费用按生产工人工资比例进行分配。

（五）税金及附加

（1）增值税。公司销售各种产品应缴纳增值税，增值税税率为13%，增值税按期预缴（每月15日预缴一次），次月10日以前缴清。

（2）城市维护建设税、教育费附加及地方教育附加。分别按照流转税（本书为应纳增值税）之和的7%、3%和2%计算并按月缴纳，次月10日以前缴清。

（六）按月据实预缴企业所得税

企业所得税适用25%的税率，并实行“按年计算，按月据实预缴，年终汇算清缴”。本企业根据主管税务机关的要求，采用按月据实预缴的方法，即各月按照本月实现的会计利润计算应交所得税并在下月实际缴纳。由于本教材所给资料所限，有关所得税的年终汇算清缴不予进行。

增值税税率变化及“营改增”历程

全面深化增值税改革

（七）损益类账户采用“账结法”结转各月损益

第一，各月末应将各损益类账户的本月发生额（净额）反方向转入“本年利润”账户，在“摘要”栏注明“结转收入（或费用）至本年利润”字样（月结行），并用“红字”登记金额栏，“红字”登记的金额即为本月发生额合计；第二，在月结行下一行的“摘要”栏注明“本年累计”字样，并用“蓝字”在金额栏登记截至本月末的累计发生额；第三，在各月“本年累计”行的下一行通栏画“单红线”，表示本月结束和下月的开始；第四，年末要在12月月结的基础上进行年度结账，即在12月“本年累计”行的下一行通栏画红双线，予以封账。请参照所给范例“税金及附加”明细分类账户的结账方法。

细说“六税两费”减征的政策规定

小微企业所得税优惠咋享受

（八）利润分配

（1）计提法定盈余公积。按照当期税后利润的10%计提法定盈余公积。

（2）向投资者分红。根据董事会决定的分配额和投资比例进行利润分配。

五、教学方案与课时安排建议

（1）作为一门独立的实践性课程，进行集中实训。❶建议安排在“会计学”课程理论教学完成后当学期的1~2周内完成。❷建议安排在“会计学”课程理论教学完成后下一学期的1~2周内完成。

（2）作为“会计学”课程的组成部分，分散在课内完成。❶如果“会计学”课程安排64学时（每周4学时），建议40学时完成理论教学，24

学时完成实训教学（建议4学时连续进行）；❷如果“会计学”课程安排96学时（每周6学时），建议60学时完成理论教学，36学时完成实训教学（建议6学时连续进行）。

六、会计学综合模拟实验要求与考评

（一）实训要求

（1）掌握国家有关财经法律法规和企业会计制度，掌握各项费用的开支范围、标准及规定，加强学生政策法制观念。

（2）运用规范仿真的原始凭证、真实的记账凭证、会计账簿和会计报表，严格按照现行企业会计准则的要求进行操作。

（3）实训过程中遇到课堂理论教学中没有学到的新知识，要引导学生自己查阅资料，培养独立分析问题和解决问题的能力。

（4）实训结束后，将原始凭证、记账凭证、会计账簿、会计报表进行装订，作为考核的依据。

（5）实训结束后，每一名学生提交一份实训报告，主要包括以下几个方面：❶实训内容；❷实训过程；❸实训结果；❹实训中存在的问题及解决的方法；❺实训体会及合理化建议。

（二）实训考评

实训考评包括实训过程考评和实训结果考评，分别占总成绩的40%与60%。实训过程考评以实训小组的考评为主，实训结果考评以学生提交的实训成果为依据，其评分标准分别为：❶原始凭证的填制和审核占20%；❷记账凭证的填制与审核占40%；❸账簿登记和会计报表编制占20%；❹会计档案装订占10%；❺实训报告撰写占10%。

会计论道与素质教育

砌墙工人的命运——要有做财务总监（CFO）的抱负

三个工人在砌一堵墙。有人过来问：“你们在干什么?”第一个人没好气地说：“没看见吗？砌墙。”第二个人抬头笑了笑，说：“我们在盖一幢高楼。”第三个人边干边哼着歌曲，他的笑容很灿烂：“我们正在建设一个新城市。”10年后，第一个人在另一个工地上砌墙；第二个人坐在办公室中画图纸，他成了工程师；第三个人呢，是前两个人的老板。

资料来源　张健鹏，胡足青.心有灵犀（小中见大智慧文丛）[M]. 北京：当代世界出版社，2005.

新闻速递

东芝公司亏损造假
昔日500强跌落神坛

教授寄语：党的二十大报告中提出：“青年强，则国家强。当代中国青年生逢其时，施展才干的舞台无比广阔，实现梦想的前景无比光明。”性格决定命运，态度决定高度。你手头的小工作其实正是大事业的开始，能否意识到这一点意味着你能否做成一项大事业。人们常说：“不想做将军的士兵不是好士兵。”那么，我说：“不想做财务总监（CFO）的财会专业的学生，也同样如此。”

第二章　初始建账及会计档案的整理与保管

一、会计学综合模拟实验初始建账

（一）建账流程

将本教材附录给出的空白账页沿书脊左（上）侧的撕裁线撕下，并按照以下流程进行建账：

第一步：预备账页，装置成册，包括：❶准备各种账簿（订本式）；❷预备有关账页（活页式、卡片式）；❸使用账夹装置成册。

第二步：填写“账簿启用及接交表”，包括：❶在“账簿启用及接交表”上填写单位名称、账簿名称、册数、编号、起止页数、启用日期、记账人员和会计主管人员姓名等；❷会计人员变动时，应注明交接日期、交接人员及监交人员姓名，并由交接双方签名或盖章，以明确责任。

第三步：建立账户，包括：❶建立总账账户；❷建立二、三级明细账户；❸结转上期账户余额。

第四步：顺序编号，包括：❶将账簿按顺序编号；❷编制账户目录（科目索引）；❸贴上账户索引纸（俗称“口取纸”）。

（二）建账方法

1.库存现金日记账、银行存款日记账的建账方法

根据表2-1所给的期初余额和本书附录所给的空白日记账账页登记“库存现金日记账”和“银行存款日记账”的期初余额。日记账的装订方法见本章“五、会计账簿、会计报表的装订及保管”中的“1.整理并装订日记账”。

2.明细账的建账方法

❶根据表2-1所给的各明细账期初余额和本书附录所给的明细账空白账页，按照明细账的目录顺序依次登记甲式（三栏式）账、多栏式明细账和乙式（数量金额式）账的期初余额；❷特别要注意顺序，因为所给明细账的种类、格式、专栏多少、需要登记的内容（行数）多少不同；❸明细账的装订方法见本章“五、会计账簿、会计报表的装订及保管”中的“2.整理并装订明细账”。

3.总账的建账方法

❶根据表2-1所给的各总账期初余额和本书附录所给的总账空白账页，按照总账的目录顺序依次登记各有关总账的期初余额；❷总账的装订方法见本章“五、会计账簿、会计报表的装订及保管”中的“3.整理并装订总账”。

二、会计记账数字书写要求及练习

（一）汉字大写数字的标准写法

汉字大写数字是我国在长期的会计实践中，为防止人为篡改数字而采取的一项措施。一般要求：❶用正楷或行书书写，不能使用一、二、三、四、五、六、七、八、九、十、廿、卅等字样；❷不得自造简化字，也不能写谐音字；❸同一行的相邻数字之间要空出半个大写数字的位置；❹字体各自成形，大小均匀，排列整齐，字迹工整、清晰。汉字大写数字的标准写法如下：

壹	贰	叁	肆	伍	陆	柒	捌	玖	零	拾	佰	仟	万	亿

会计记账小写金额书写规范

（二）阿拉伯数字（小写）的书写要求及练习

阿拉伯数字 1、2、3、4、5、6、7、8、9、0，简称小写数字，在财会工作中的书写要求如下：❶字体各自成形，大小均匀，排列整齐；❷数字不能写满格，每个数字一般约占格子高度的1/2，要留出空隙，以备更正改错之月，也清晰、美观；❸贴格子的底线书写，只有“7”和“9”两个数字可以超过底线一点，所占位置不能超过底线下格的1/4；❹字体要自右上方斜向左下方书写，斜度一致，约为60度，并且同一行的相邻数字之间要空出半个小写数字的位置；❺由上而下按列累加的数字，要注意对准位数；❻有圆圈的数字，如“6”“8”“9”“0”等，圆圈必须书写完整；❼对容易混淆的数字，如“0”和“9”、“1”和“7”、“3”和“5”、“3”和“8”等，尤其要严格区别，避免混同；❽“1”不能写短，要符合斜度，以防改为“4”、“6”、“7”和“9”，“6”起笔要伸到上半格的1/4处，下圆要明显，以防改“6”为“8”。阿拉伯数字的标准字体及书写练习如下：

1	2	3	4	5	6	7	8	9	0	1	2	3	4	5	6	7	8	9	0

会计论道与素质教育

囚徒困境——会计职业的明天更美好

两个犯罪嫌疑人被警察拘捕了。警察分别告诉他们，他们有三种可能：第一，死不认罪，最后也确实找不到他们犯罪的证据，这样他们将被无罪释放；第二，主动认罪并检举揭发同伴，只判3年刑期；第三，就是自己死不认罪，但被同伙揭发并证明有罪，这样就会被判10年型期。被分开关押、分别提审的罪犯会选择哪一条路呢？绝大多数会选第二条。这是社会学、心理学中一个著名的论例：囚徒困境。

新闻速递

零容忍全覆盖 严惩资本大鳄

教授寄语：党的二十大报告中提出：“在基本实现现代化的基础上，我们要继续奋斗，到本世纪中叶，把我国建设成为综合国力和国际影响力领先的社会主义现代化强国。”谁都不敢把自己的明天放在别人手中，做好4年的学业生涯规划，把握好自己的命运。同学们，撸起袖子加油干，一分耕耘一分收获，你们的明天将更加美好！

三、会计学综合模拟实验建账资料

（一）期初数据与所需账簿（页）格式

光明市永春机械公司2×23年12月的总账、明细账的月初余额及所需账簿（页）格式及在产品成本定额资料，见表2-1至表2-5。

表 2-1　　光明市永春机械公司总账及明细账12月月初余额表　　单位：元

序号	总账科目	明细科目	借方金额	贷方金额	账页格式	序号	总账科目	明细科目	借方金额	贷方金额	账页格式
1	库存现金	日记账	**9 775**		三栏式	10	固定资产		**9 800 000**		三栏式
2	银行存款	日记账	**1 951 525**		三栏式			机器设备类	5 400 000		甲式账
3	应收票据		**240 000**		三栏式			房屋建筑类	4 400 000		甲式账
		明远公司	240 000		甲式账	11	在建工程		**1 300 000**		三栏式
4	应收账款		**255 000**		三栏式			配电室工程	600 000		甲式账
		金花公司	260 000		甲式账			2号生产线	700 000		甲式账
		宏图公司		5 000	甲式账	12	短期借款			**400 000**	三栏式
5	预付账款		**81 000**		三栏式			工行光支		400 000	甲式账
		远程公司	87 000		甲式账	13	应付票据			**64 000**	三栏式
		星海公司		6 000	甲式账			秋林公司		64 000	甲式账
6	其他应收款		**8 500**		三栏式	14	应付账款			**182 868**	三栏式
		鲍巩英	8 500		甲式账			鸿运公司		195 000	甲式账
7	原材料		**78 400**		三栏式			清流公司	21 000		甲式账
		甲材料	详细资料见表2-2		乙式账			华远钢铁厂		8 868	甲式账
		乙材料			乙式账	15	预收账款			**255 500**	三栏式
		丙材料			乙式账			通宝公司		282 500	甲式账
8	库存商品		**194 200**		三栏式			新强公司	27 000		甲式账
		A产品	详细资料见表2-3		乙式账	16	应付职工薪酬			**190 000**	三栏式
		B产品			乙式账			工资		190 000	甲式账
9	累计折旧			**966 632**	三栏式			职工福利			甲式账

续表

序号	总账科目	明细科目	借方金额	贷方金额	账页格式	序号	总账科目	明细科目	借方金额	贷方金额	账页格式
17	应交税费			122 880	三栏式	21	资本公积			177 000	三栏式
		未交增值税		39 000	甲式账			资本溢价		177 000	甲式账
		应交城建税		5 180	甲式账	22	盈余公积			230 000	三栏式
		应交教育费附加		2 220	甲式账			法定盈余公积		230 000	甲式账
		应交地方教育附加		1 480	甲式账						
		应交所得税		75 000	甲式账	23	利润分配			340 000	三栏式
		应交增值税	账内按规定项目分借贷方设专栏		专用多栏			提取法定盈余公积			甲式账
18	应付利息			4 520	三栏式			应付利润			甲式账
		工行光支		4 520	甲式账			未分配利润		340 000	甲式账
19	应付股利				三栏式	24	本年利润			2 520 000	三栏式
		港城投资公司			甲式账			本年利润		2 520 000	甲式账
		海虹机械公司			甲式账	25	生产成本		35 000		三栏式
20	实收资本			8 500 000	三栏式			A产品	详细资料见表2-4		专用多栏式
		港城投资公司		5 100 000	甲式账			B产品			专用多栏式
		海虹机械公司		3 400 000	甲式账		合计		13 953 400	13 953 400	

表2-2 原材料明细账资料 金额单位：元

账户名称	计量单位	数量	单价	金额	账页格式
甲材料	千克	300	96.67	29 000*	乙式账
乙材料	千克	500	52.00	26 000	乙式账
丙材料	千克	300	78.00	23 400	乙式账
合计				78 400	

*因单价为“四舍五入”数字，尾差倒挤入期末结存金额。

表2-4 生产成本明细账月初余额资料表 金额单位：元

成本计算对象	数量（台）	成本项目			
		直接材料	直接人工	制造费用	合计
A产品	10	12 000	5 000	2 500	19 500
B产品	10	10 000	4 000	1 500	15 500
合计		22 000	9 000	4 000	35 000

表2-3 库存商品明细账资料 金额单位：元

账户名称	计量单位	数量	单价	金额	账页格式
A产品	台	40	2 845.00	113 800	乙式账
B产品	台	40	2 010.00	80 400	乙式账
合计				194 200	

表2-5 在产品成本定额资料表 金额单位：元

成本计算对象	计量单位	成本项目成本定额			
		直接材料	直接人工	制造费用	合计
A产品	台	1 200	500	250	1 950
B产品	台	1 000	400	150	1 550

（二）会计学综合模拟实验实操用凭证、账页、报表、封皮及相关物品

该实验实操所需要的：❶空白记账凭证和科目汇总表；❷空白库存现金日记账和银行存款日记账；❸空白总分类账和空白明细分类账；❹封皮（记账凭证、账簿封面和封底、报表封面和封底，记账凭证装订包角）；❺空白会计报表；❻空白总分类账户发生额及余额试算平衡表，在本教材的附录或相关章节中已给出。会计学综合模拟实验实操除本教材的附录或相关章节中已给出的实操用材料以外，还需要准备的物品参见表2-6。

表2-6　会计学综合模拟实验所需相关物品一览表

序号	物品名称	规格型号	计量单位	数量	备注	序号	物品名称	规格型号	计量单位	数量	备注
1	资料盒	320mm×235mm×45mm	盒	1盒/（人、组）	一次性消耗	10	铅笔		支	1支/（人、组）	一次性消耗
2	直尺	300mm	把	1把/（人、组）	一次性消耗	11	小剪刀		把	1把/（人、组）	一次性消耗
3	回形针	小盒	盒	1盒/（人、组）	一次性消耗	12	订书针	普通	盒	1盒/班	一次性消耗
4	索引标签（口取纸）	蓝色，10张/小包	张	3张/（人、组）	一次性消耗	13	订书机		个	5个/班	实训室配备周转用
		红色，10张/小包	张	3张/（人、组）	一次性消耗	14	倒钩铁锥		把	1把/（人、组）	实训室配备周转用
5	胶水（棒）	小瓶	瓶	1瓶/（人、组）	一次性消耗	15	凭证打眼机		台	4台/班	实训室配备周转用
6	装订线		卷	2卷/班	一次性消耗	16	铆管装订机		台	4台/班	实训室配备周转用
7	账绳（带）		根	1根/（人、组）	一次性消耗	17	塑料铆管		根	10根/班	实训室配备消耗用
8	橡皮		块	1块/（人、组）	一次性消耗	18	财务专用章	直径40mm	个	10个/班	实训室配备周转用
9	财会专用笔	红色（0.35mm）	支	1支/（人、组）	一次性消耗	19	承前页章		个	1个/（人、组）	实训室配备周转用
		黑色（0.35mm）	支	1支/（人、组）	一次性消耗	20	转次页章		个	1个/（人、组）	实训室配备周转用
		黑色笔芯（0.35mm）	支	1支/（人、组）	一次性消耗	21	月结章		个	1个/（人、组）	实训室配备周转用
特别说明：本模拟实验操作实际需要：❶收款凭证6张，本教材提供10张；❷付款凭证20张，本教材提供24张；❸转账凭证27张，本教材提供32张；❹科目汇总表3张，本教材提供4张；❺明细账账页38张，本教材提供40张；❻总账账页富余1页。注意节约使用。											

四、会计凭证的装订及保管

1.整理凭证并加具封面、封底和包角

（1）整理记账凭证（后附原始凭证，且左对齐、上对齐进行粘贴）。将记账凭证分3部分（本）整理在一起：❶第四章上半月经济业务所编

制记账凭证；❷第四章下半月经济业务所编制记账凭证；❸第五章成本计算与期末经济业务所编制记账凭证。

（2）凭证排列顺序。对以上3部分（本）记账凭证中的每一部分：❶按照收、付、转的顺序整理；❷对收、付、转记账凭证再按照编号顺序整理；❸在每一部分（本）记账凭证的最前面粘贴根据该部分记账凭证所编制的科目汇总表。

（3）加具封面和封底。对以上整理好的每本记账凭证：❶将本书附录所给出的3张记账凭证封皮撕下，然后沿裁剪线撕成封面和封底；❷将记账凭证的封面和封底分别加具到整理好的3本记账凭证的前后；❸将本书附录所给出的记账凭证装订包角撕下，沿虚线（打孔线）撕成4个十字包角，分别加具到每本记账凭证的左上角（字朝下）；❹再次整理凭证并以左上角对齐，用铁夹子将其紧紧夹住。

2.手工穿线装订方法

（1）打眼。在十字包角上以对角线的两点，用凭证打眼机从外到里均匀地打两个眼（在包角上已标出），注意不能太靠外以免装订不牢，也不能太靠里以免不便于翻阅查证。

手工穿线装订方法

（2）穿线。

第一步：将一根长约60cm的装订线分1/4和3/4折叠；

第二步：从里面的那个眼，将倒钩铁锥从正面穿出，从背面钩住装订线的折叠处并将其拉出（不要拉透，留出一个活扣），然后压住装订线的短线头，将装订线的长线头翻过来从活扣中穿出并拉紧；

第三步：再次从里面的那个眼，将倒钩铁锥从正面穿出，从背面钩住装订线的长线头（折叠并留出穿线余地），然后将其拉出（拉透不留活扣）并拉紧，这样形成第一个十字角；

第四步：从外面的那个眼，将倒钩铁锥从背面穿出，从正面钩住装订线的长线头（折叠并留出穿线余地），然后将其拉出（不要拉透，留出一个活扣），将装订线的长线头翻过来从活扣中穿出并拉紧；

第五步：再次从外面的那个眼，将倒钩铁锥从背面穿出，从正面钩住装订线的长线头（折叠并留出穿线余地），然后将其拉出（拉透不留活扣）并拉紧，这样形成第二个十字角。

（3）打结。在凭证的背面，将装订线的两端系上拉紧并打死结，然后用剪刀剪掉多余的线头。

3.铆管装订机装订方法

❶插上电源、打开开关：插上电源，按下开关，电源指示灯亮（红灯），机器处于预热状态。大约3分钟后，红灯灭后，绿灯亮起，机器可以开始热铆，预热时不影响机器的打孔。❷插入铆管：将接管盒盖打开，铆管插入机身后侧的小圆孔内。❸打孔：将文件放置在台面板上，放在所需装订的位置，压右边手柄进行打孔。注意文件要打穿，且手切勿放在打孔刀下。❹铆管入孔：打孔时，机器会根据打孔材料的厚度自动切出相应长度的铆管段，将其插入刚打的装订孔中。❺插入定芯轴：将文件移至机器左侧的热熔器下，并将定芯轴插入铆管中。❻热铆：压左边手柄，停留片刻。此时铆头温度较高，手勿靠近。❼装订完成：拔出定芯轴，取出文件，装订完成。❽倒纸屑：取下接纸盒，将纸屑倒掉后装入。装订方法各步骤示意图如下：

热熔一体机装订方法

铆管装订机机器构架图

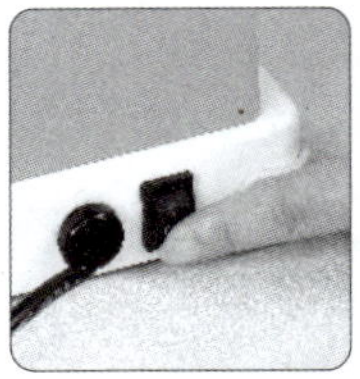
1. 插上电源、打开开关

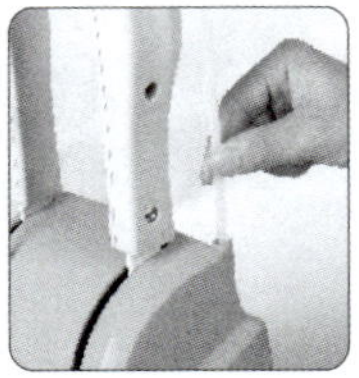
2. 插入铆管

3. 打孔

4. 铆管入孔

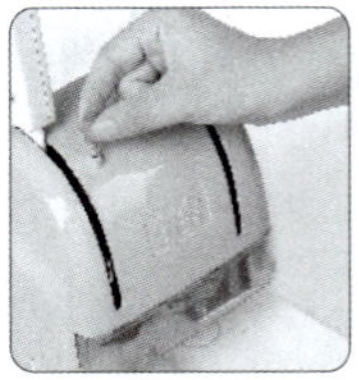
5. 插入定芯轴

6. 热铆

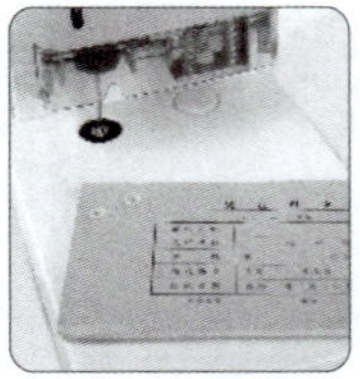
7. 装订完成

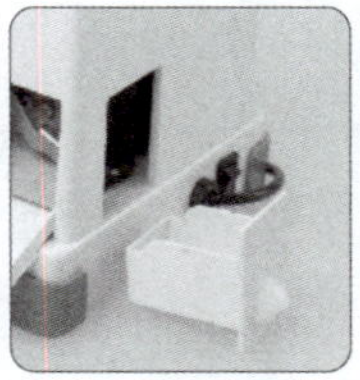
8. 倒纸屑

4. 封角、填写凭证脊背、封面并盖章、归档

（1）**封角**。沿着十字包角的斜线折叠翻转露出包角正面，将十字包角的两头，抹上胶水，然后再将包角向下、向右折叠到背面并粘牢，要求包角能将装订线的线头全部覆盖上。

（2）**填写凭证脊背**。在十字包角折叠翻转粘贴形成的凭证脊背上，填写日期（年和月）、凭证总号和起止号数（第几号至第几号）、凭证册序（第几册）和凭证册数（共几册）。

（3）**填写封面**。在凭证封面上填写起止日期、账册编号（第几册、共几册）；凭证种类、起止号数、凭证张数、附件张数、会计档案的卷宗号及保管年限等。

（4）**盖章、归档**。装订人员在装订线封签处签名或盖章，然后归档。

五、会计账簿、会计报表的装订及保管

1. 整理并装订日记账

❶将附录给出的日记账账页（库存现金和银行存款）沿撕裁线撕下并整理在一起；❷将附录所给出的日记账封面、封底撕下；❸将日记账的封面和封底加具到整理好的日记账的前后，并用订书机将其订牢（订本式）；❹按照要求填写封皮并加盖公章。

2. 整理并装订明细账

❶将附录给出的空白明细账账页（数量金额式、多栏式、三栏式）沿撕裁线撕下并整理在一起。❷将附录所给出的明细账封面、封底撕下。❸将明细账的封面和封底加具到整理好的明细账账页的前后，用账绳穿在一起并打结（活页式）。❹按照要求填写封皮（包括目录的科目名称）并加盖公章。❺在年末：首先，应按照顺序编写总号；其次，对每一总账所属明细账编写分号；最后，填写明细账目录的起始页码。

3. 整理并装订总账

❶将附录给出的空白总账账页沿撕裁线撕下并整理在一起；❷将附录所给出的总账封面、封底撕下；❸将总账的封面和封底加具到整理好的总账账页的前后，并用订书机将其订牢（订本式）；❹按照要求填写封皮（包括目录的会计科目名称及账页起始页码）并加盖公章。

4. 整理并装订会计报表

❶将编制完成的会计报表沿撕裁线撕下并整理在一起；❷将附录所给出的会计报表封面、封底撕下；❸将会计报表的封面和封底加具到整理好的会计报表的前后，并用订书机将其订牢；❹按照要求填写封皮并加盖公章。

5. 会计档案的归档

装订人员在装订线封签处签名或盖章，然后归档并存入会计档案室。

会计论道与素质教育

薪酬差别——会计工作要用心去做

两个同龄的年轻人（阿诺德和布鲁诺）同时受雇于一家店铺，并且拿同样的薪水。可是一段时间后，叫阿诺德的小伙子青云直上，而叫布鲁诺的小伙子却仍在原地踏步。布鲁诺很不满意老板对他的不公正待遇。终于有一天他到老板那儿发牢骚了。老板一边耐心地听着他的抱怨，一边在心里盘算着怎样向他解释清楚他和阿诺德之间的差别。“布鲁诺先生，”老板开口说话了，“您现在到集市上去一下，看看今天早上有什么卖的。”布鲁诺从集市上回来向老板汇报说，一个农民拉了一车土豆在卖。“有多少?”老板问。布鲁诺赶快又跑到集上，然后回来告诉老板一共40袋土豆。“价格是多少?”布鲁诺第三次跑到集上问来了价格。“好吧，”老板对他说，“现在请您坐到这把椅子上一句话也不要说，看看别人怎么说。”

于是，老板把阿诺德叫来，同样要他到集市上看看早上有什么卖的。阿诺德很快就从集市上回来了，向老板汇报说到现在为止只有一个农民在卖土豆，一共40袋，价格是多少多少；土豆质量很不错，他还带回来一个让老板看看。阿诺德又说，这个农民一个钟头以后还会弄几箱西红柿到集市上卖，据他看价格非常公道。昨天他们铺子的西红柿卖得很快，库存已经不多了。阿诺德想这么便宜的西红柿老板肯定会要买一些的，所以他不仅带回了一个西红柿做样品，而且把那个农民也带来了，他现在正在外面等回话呢。此时老板转向了布鲁诺，说：“现在您肯定知道为什么阿诺德的薪水比您高了吧?”

资料来源　张健鹏，胡足青. 心有灵犀（小中见大智慧文丛）[M]. 北京：当代世界出版社，2005.

新闻速递

躲在20㎡房间疯狂造假5.8亿

教授寄语：同样的小事情，有心人做出大学问，不动脑子的人只会来回跑腿而已。别人对待你的态度，就是你做事情结果的反映，像一面镜子准确无误，你如何做的，它就如何反射回来。

第三章　经济业务对应原始凭证业务类型及其内容的文字表述

一、12月1日—15日日常经济业务对应原始凭证业务类型及其内容的文字表述

业务1：**同城钱货两清销售产品。**1日，企业向本市联华机械公司销售产品，货已发出，收到转账支票（货款）并已送存银行。❶销售成立（或实现）——开具全电“电子发票（增值税专用发票）”。❷货已发出——填制“产品出库单”。❸货款收到——收到转账支票并送存银行。

业务2：**钱货两清，采用委托付款方式采购原材料。**1日，收到11月28日从金通机械公司购入的甲、乙两种材料并验收入库，由对方负担运费。经审核无误后通过企业网银付款。

业务3：**现金报销购买办公用品款和办公大楼修缮费：固定资产修理——费用化支出——记入“管理费用”账户。**4日，办公室报销各车间部门直接领用的办公用品款和办公大楼修缮费，经审核无误，以现金付讫。

业务4：**通过银行收回应收账款。**4日，收到金花机械公司前欠的货款。收到银行转来的金额为260 000元的中国工商银行业务回单（收款），注明系金花机械公司偿还前欠货款。

业务5：**发出材料，计价采用月末一次加权平均法并于月末汇总登记。**4日，各车间和部门填制标明用途的“领料单”领用材料。

业务6：**支付广告费。**4日，通过企业网银支付本市阳明广告公司广告费。

业务7：**偿付到期商业承兑汇票款。**7日，收款单位秋林机械公司托收到期商业承兑汇票款，经审核无误，同意并已通过银行付讫。

业务8：**发放上月工资——由银行代发。**7日，根据上月应付工资费用结算汇总表发放上月工资，通过网银由银行代发，转入职工个人工资账户。

业务9：**有关税费的实际缴纳。**10日，据实预缴上月应纳企业所得税；缴纳上月未交增值税和应交城建税、教育费附加、地方教育附加。

业务10：**产成品入库。**10日，生产车间入库完工产品，填制“产品入库单”。

业务11：**冲销预付账款结算方式购进材料，预付金额大于实际结算金额，余款2 250元留待下次结算。**10日，采用冲销预付账款结算方式向远程机械公司购进材料，材料已验收入库，货款冲销前已预付的货款。

业务12：**收到托收的到期商业承兑汇票款。**10日，银行转来“托收凭证（收账通知）”，为明远机械公司偿付到期商业承兑汇票款。

业务13：**冲销预收账款结算方式销售产品，预收金额与实际结算金额相等。**13日，采用冲销预收账款结算方式向太原市通宝机械公司销售产品，货物由对方自提，全部款项冲销预收账款。

业务14：**偿还前欠货款。**13日，通过企业网银，偿还前欠本市鸿运机械公司的货款。

业务15：**通过企业网银支付职工体检费，同时分配计入资产成本和期间损益。**13日，❶通过银行支付职工体检费，收到全电“电子发票（普通发票）”，经审核无误后通过企业网银付款，收到“中国工商银行业务回单（付款）”。❷按照受益对象编制“职工福利费分配表”。

业务16：**报销差旅费——实报金额小于预借金额。**15日，**报销差旅费并交回余款现金，结清原借款。**❶收到差旅费报销单，上列实际报销金额7 862元。收到1张高铁旅客运输服务全电“电子发票（增值税专用发票）”、2张飞机旅客运输服务全电“电子发票（增值税专用发票）”、

1张住宿费全电“电子发票（增值税专用发票）”。❷原借款8 500元，退回余款并填制金额为638元的“内部收据”。

业务17：公益救济性捐赠。15日，向光明市红十字会捐款。❶收到的收款收据上注明捐款金额为58 000元；❷经审核无误，同意付款并开具金额为58 000元的转账支票。

购进国内旅客运输服务进项税额抵扣

特别提示：编制完第17笔业务的记账凭证后，应编制第一张“科目汇总表”（上半月第1—17笔业务）。

二、12月16日—31日日常经济业务对应原始凭证业务类型及其内容的文字表述

业务18：**缴纳上半月应缴增值税。**16日，通过中国工商银行电子缴税付款平台缴纳本月1—15日应交增值税34 369元。

业务19：**商业承兑汇票结算方式购进原材料——应付票据。**16日，13日向秋林机械公司购进的甲、乙材料已验收入库，经审核无误，签发并承兑商业承兑汇票。

业务20：**商业承兑汇票结算方式销售产品——应收票据。**18日，采用商业承兑汇票结算方式向明远机械公司销售产品，货已发出并由对方负担运费，收到对方签发并承兑的商业承兑汇票。

业务21：**发出材料，计价采用月末一次加权平均法并于月末汇总登记。**18日，各车间和部门填制标明用途的“领料单”领用材料。

业务22：**购货方预付货款。**18日，收到开户银行转来的中国工商银行业务回单（收款），系通宝机械公司预付购货款45 000元。

业务23：**按照积数计息法，银行定期（按季度）与企业结算利息。**21日，❶收到银行计收借款利息清单（付款通知），支付本季度（9月21日至12月20日，下同）的贷款利息6 720元；❷收到中国工商银行计付存款利息清单（收账通知），收到本季度的活期存款利息550元。

业务24：**无法支付的应付账款，不满足负债确认的条件。**24日，经确认唐山华远钢铁厂已于1年前破产清算完毕，将应付货款8 868元确认为营业外收入。

业务25：**支付安装费及工程完工达到预定可使用状态——形成固定资产。**24日，2号生产线工程完工，与本市晋源安装公司结算工程款项，通过企业网银支付；同时，结转完工工程成本。

业务26：**产成品入库。**24日，生产车间入库完工产品，填制“产品入库单”。

业务27：**赊购材料——应付账款。**27日，从本市鸿运机械公司购入乙、丙材料并已验收入库，经协商货款于下月支付。

业务28：**赊销产品——应收账款。**27日，采用赊销方式向金花机械公司销售产品，货物已发出（对方自提），对方承诺下月付款。

业务29：**预付购货订金。**27日，按照合同规定预付远程机械公司购货订金，经审核同意付款，收到金额为40 000元的中国工商银行业务回单（付款）。

业务30：**提现备用。**30日，开出现金支票，从银行提取现金7 000元。

业务31：**现金报销购买印花税票款。**30日，办公室报销购买印花税票款200元，以现金付讫。

业务32：**鲍巩英出差借现金。**30日，职工鲍巩英出差借款6 000元，填制“借款单”，经审核同意以现金付讫。

业务33：**支付并分配水费。**31日，❶收到供水公司开具的全电“电子发票（增值税专用发票）”，通过企业网银支付供水公司本月水费；❷根据受益对象分配并编制“水费分配表”。

业务34：**支付并分配电费。**31日，❶收到供电公司开具的全电“电子发票（增值税专用发票）”，通过企业网银支付供电公司本月电费；

❷根据受益对象分配并编制“电费分配表”。

业务35：购买支票及集中支付网银转账手续费，银行直接扣款。31日，购买现金支票和转账支票各一本，集中支付网银转账手续费，开户银行直接从该公司的存款账户中扣款。

特别提示：到第35笔业务为止，应编制第二张“科目汇总表”（下半月第18—35笔业务）。

三、成本计算经济业务对应原始凭证业务类型及其内容的文字表述

业务36：**材料费用的归集与分配。**月末，按照月末一次加权平均法计算本月发出原材料的加权平均单位成本，然后汇总“领料单”，编制“发料凭证汇总表”，进行材料费用的归集与分配。

业务37：**工薪费用的分配与结转。**月末，根据考勤记录（略），分车间、部门和用途，编制“应付工资费用分配汇总表”，分配并结转工资费用。

业务38：**归集、分配并结转折旧费用。**月末，根据月初固定资产原值和确定的折旧率，计算并编制“固定资产折旧计算汇总表”，计提并结转固定资产折旧费用。提示：“累计折旧”账户可以不设置明细账。

业务39：**归集、分配并结转制造费用。**月末，根据“制造费用”明细账所归集的费用总额（借方发生额），按照成本计算对象（各产品）生产工人工资的比例，计算并编制“制造费用分配表”，进行制造费用的分配与结转。

业务40：**采用“定额成本法”，计算并结转完工产品成本。**月末，根据“生产成本”明细账所记录的生产费用总额（月初在产品成本与本月发生的生产费用之和），扣除采用“定额成本法”计算的月末在产品成本（定额成本），结合“产品入库单”提供的完工数量，分成本项目编制“完工产品成本计算汇总表”，计算并结转完工产品成本。

四、期末经济业务对应原始凭证业务类型及其内容的文字表述

业务41：**采用月末一次加权平均法，计算并结转已销产品成本。**月末，根据“库存商品”明细账的期初结存（数量、金额）和本期收入（数量、金额），计算本月已销产品的加权平均单价，结合“产品出库单”提供的发出数量，编制“产品销售成本汇总计算表”，结转已销产品成本。

业务42：**计算并结转应交增值税、转出未交增值税。**月末，根据“应交税费——应交增值税”明细账的有关专栏，计算并填制“应纳增值税及转出未交增值税计算表”，结转转出未交增值税。

业务43：**计算并结转应纳城建税、教育费附加、地方教育附加。**月末，根据税法的有关规定，计算并编制“应纳城建税及教育费附加、地方教育附加计算表”，结转应纳城建税、教育费附加、地方教育附加。

业务44：**计提本月短期借款利息。**月末，根据“短期借款”所属明细账的期初余额、期末余额和规定的借款利率，计算并填制本月“银行借款利息计提表”，计算并结转本月短期借款利息费用。

业务45：**“账结法”下结转损益类账户余额至“本年利润”账户。**月末，根据本月各收入类账户的贷方发生额和费用类账户的借方发生额，填制“本月损益类账户发生额汇总表”，结转损益类账户发生额至“本年利润”账户。

业务46：**企业所得税按月据实预缴。**31日（期末），根据各损益类账户的本年累计发生额，结合有关明细账，按照所得税纳税申报的具体要求，填制简易的“企业所得税按月（季）度预缴纳税申报表（A类）”，计算并结转本月应交企业所得税；结转所得税费用至“本年

企业所得税
优惠政策解读

利润”账户。

业务47：**利润分配**。31日（期末），按照公司法的规定和董事会决议进行利润分配，包括提取法定盈余公积和向投资者分配利润。

业务48：**计算并结转未分配利润**。31日（期末），结转净利润和已分配利润，计算并结转未分配利润。

特别提示：账务处理到第48笔业务为止，应编制第三张“科目汇总表”（第36—48笔业务）。

五、编制会计报表经济业务的文字表述

业务49：**结账与编制总分类账户发生额及余额试算平衡表**。❶根据所有总账的记录编制“总分类账户发生额及余额试算平衡表”；❷在试算平衡的基础上，对所有的总分类账户进行月度结账和年度结账并划线封账。

业务50：**编制“资产负债表”**。根据“总分类账户发生额及余额试算平衡表”的“期末余额”栏，结合有关明细账的期末余额，采用“直接填列法”和“分析填列法”填列“资产负债表”的“期末余额”栏。

业务51：**编制“利润表”**。❶根据“总分类账户发生额及余额试算平衡表”中损益类账户的“本月发生额”栏金额，结合有关明细账（特别是“财务费用”明细账）的发生额，填列“利润表”各项目的“本期金额”栏；❷根据损益类账户全年累计发生额，结合有关明细账，填制“利润表”各项目的“本年累计金额”栏。

会计论道与素质教育

君子报仇——另一种进取途径

有一个人很不满意自己在贸易公司的工作，他忿忿地对朋友说：“我的老板一点儿也不把我放在眼里，改天我要对他拍桌子，然后辞职不干。”“你对于那家贸易公司完全弄清楚了吗？对于他们做国际贸易的窍门完全搞通了吗?”他的朋友反问。“没有!”“君子报仇三年不晚，我建议你好好地把他们的一切贸易技巧、商业文书和公司组织完全搞通，甚至连怎么修理影印机的小故障都学会，然后辞职不干。”他的朋友建议，“你用他们的公司，做免费学习的地方，什么东西都通了之后，再一走了之，不是既出了气，又有许多收获吗?”那人听从了朋友的建议，从此便默记偷学，甚至下班还留在办公室研究写商业文书的方法。一年之后，那位朋友偶然遇到他，问道：“你现在大概多半都学会了，可以准备拍桌子不干了吧?”“可是我发现近半年来，老板对我刮目相看，最近更总是委以重任，又升职、又加薪，我已经成为公司的红人了。”“这是我早就料到的!”他的朋友笑着说：“当初你的老板不重视你，是因为你的能力不足，却又不努力学习；而后你痛下苦功，担当日巨，当然会令他对你刮目相看。只知抱怨老板的态度，却不反省自己的能力，这是人们常犯的毛病啊!”

资料来源　张健鹏，胡足青. 并非偶然（小中见大智慧文丛）[M]. 北京：当代世界出版社，2005.

教授寄语：如果你不被老板重视，不妨试试这种“报仇”方法。

新闻速递

左右倒手关联交易
青岛华光被处罚

第四章　日常经济业务的账务处理

日常经济业务的账务处理要求

日常经济业务是指本月发生的除成本计算、期末经济业务和会计报表编制外的会计交易或事项。

根据企业会计核算的基本岗位设置及职责，结合该企业采用“科目汇总表核算形式”的要求，日常经济业务的账务处理流程和要求如下：

（1）审核经济业务（原始凭证）。审核员（会计主管）接到外来或自制的原始凭证后：❶对其进行合法性、合规性、合理性审核并签署审核意见；❷按照业务顺序将审核无误的各个原始凭证按照裁剪线进行撕裁并传递给制单会计。

（2）编制记账凭证。制单会计对经审核员（会计主管）审核无误的原始凭证：❶在空白记账凭证上编制会计分录并在记账凭证的“制单”处签名或盖章（提示：车间或部门领用材料的业务和产成品入库业务，不编制记账凭证）；❷将原始凭证粘贴在已填制完成的记账凭证后面，并将其传递给审核员（会计主管）；❸记账凭证右上角的编号：总号填写业务序号，分号分别“收”“付”“转”按照顺序编写。（提示：日常经济业务需要编制收款凭证6张、付款凭证20张、转账凭证27张）

（3）登记库存现金和银行存款日记账。出纳员接到审核员（会计主管）审核无误的收款凭证和付款凭证后：❶根据记账凭证逐日、逐笔登记库存现金日记账和银行存款日记账；❷在每一日最后一笔收付款业务登记完毕后，按日对日记账进行本日合计并结出余额。（提示：由于本教材的库存现金收付款业务较少，可略去这一步骤）

（4）登记明细账。记账会计根据审核无误的记账凭证和有关原始凭证登记有关明细账，其中：❶“原材料明细账”的登记依据为收料单和领料单，“凭证字号”栏的“字”应填写“收”字或“领”字，“凭证字号”栏的“号”应填写收料单和领料单右上角的编号；❷“库存商品明细账”的登记依据为产品入库单和产品出库单，“凭证字号”栏的“字”应填写“入”字或“出”字，“凭证字号”栏的“号”应填写产品入库单和产品出库单右上角的编号；❸“原材料明细账”和“库存商品明细账”应逐笔结出结存数量；❹其余明细账的登记依据为记账凭证，“凭证字号”栏应填写记账凭证右上角的编号（分号），分别为：收1、收2、……；付1、付2、……；转1、转2、……。

（5）编制“科目汇总表”。本企业分上半月和下半月编制“科目汇总表”，当每半月的日常会计交易或事项填制完记账凭证后，主管会计应对其记账凭证进行汇总，编制“科目汇总表”。

（6）登记总分类账。记账会计根据“科目汇总表”登记总分类账。其中：❶凭证字号为：科汇1、科汇2、……；❷在总分类账的“摘要”栏应分别填写“上半月发生额”和“下半月发生额”字样。

2×23年12月份发生的日常会计交易或事项，见业务1—业务35所给出的原始凭证。

实操一　12月1日—15日日常经济业务的原始凭证及账务处理提示

业务提示

业务1-3-1

光明市永春机械公司　产品出库单

2×23年12月01日

购买方：联华机械公司　　　仓库：成品库　　编号：401

产品编号	规格	产品名称	计量单位	数量 应发	数量 实发	单位成本	金额	备注
（略）	（略）	A产品	台	20	20			
		B产品	台	20	20			

二 财务联

供销主管：卜发愁　　保管员：甄仔细　　记账：高桂格　　制单：严尧秋

业务1-3-2

电子发票（增值税专用发票）

[印章：全国统一发票监制章 国家税务总局 光明市税务局]

发票号码：23311000050034001211

开票日期：2×23年12月01日

购买方信息	名称：光明市联华机械公司 统一社会信用代码/纳税人识别号： 91310020314956839A			销售方信息	名称：光明市永春机械公司 统一社会信用代码/纳税人识别号： 91310040213456070M		
项目名称	规格型号	单位	数量	单价	金额	税率/征收率	税额
*全数机床*A产品		台	20	6 000.00	120 000.00	13%	15 600.00
*全数机床*B产品		台	20	4 000.00	80 000.00	13%	10 400.00
合　计					¥200 000.00		¥26 000.00
价税合计（大写）	⊗贰拾贰万陆仟元整					（小写）¥226 000.00	
备注							

开票人：刘富民

业务1-3-3

ICBC 中国工商银行　进账单　（收账通知）　3

2×23年12月01日

出票人	全称	光明市联华机械公司	收款人	全称	光明市永春机械公司
	账号	230086005		账号	230045006
	开户银行	工行北海办事处		开户银行	工行光明市支行
金额	人民币（大写）	贰拾贰万陆仟元整		亿千百十万千百十元角分	¥22600000
票据种类	转账支票	票据张数	1		
票据号码	15025486				
复核　　记账			收款人开户银行签章		

[印章：中国工商银行光明市支行 2×23年12月01日 转讫]

此联是收款人开户银行交给收款人的收账通知

业务2-4-1

光明市永春机械公司 报账（付款）审批单

部门：供销科　　　　2×23年12月01日

经手人	鲍巩英	事由	支付金通机械公司货款
项目名称	金额（元）	付款（结算）方式	备注
材料采购	95 485.00	网银	运费由销货方负担
合　计	95 485.00		
单位负责人	财务主管	部门领导	出纳员
同意。李永春	同意。钱一凡	同意。卜发愁	张理财

附单据2张

业务提示

业务2-4-2

电子发票（增值税专用发票）

发票号码：23141007000034001243

开票日期：2×23年11月28日

购买方信息	名称：光明市永春机械公司 统一社会信用代码/纳税人识别号： 91310040213456070M	销售方信息	名称：太原市金通机械公司 统一社会信用代码/纳税人识别号： 91140106315853205A

项目名称	规格型号	单位	数量	单价	金额	税率/征收率	税额
*黑色金属压延品*甲材料		千克	500	97.00	48 500.00	13%	6 305.00
*黑色金属压延品*乙材料		千克	720	50.00	36 000.00	13%	4 680.00
合　计					¥84 500.00		¥10 985.00
价税合计（大写）	⊗玖万伍仟肆佰捌拾伍元整					（小写）	¥95 485.00
备注							

开票人：郭有理

业务2-4-3

光明市永春机械公司 收料单

编号：101

供货单位：太原市金通机械公司　　　　2×23年12月01日　　　　仓库：原料库

材料类别	材料编号	名称及规格	计量单位	数量		实际成本（元）			
				应收	实收	发票价格	采购费用	合计	单价
（略）	（略）	甲材料	千克	500	500	48 500		48 500	97.00
		乙材料	千克	720	720	36 000		36 000	50.00
合　计						84 500		84 500	

二财务联

供销主管：卜发愁　　保管员：特认真　　记账：高桂格　　制单：艾志丹

业务2-4-4

ICBC 中国工商银行　业务回单（付款）

日期：2×23年12月01日　　回单编号：18008000023

付款人户名：光明市永春机械公司		付款人开户行：中国工商银行光明市支行
付款人账号（卡号）：230045006		
收款人户名：太原市金通机械公司		收款人开户行：中国工商银行府东办事处
收款人账号（卡号）：246790025		
金额：玖万伍仟肆佰捌拾伍元整		小写：95 485.00元
业务（产品）种类：结算业务凭证	凭证种类：000000000	凭证号码：00000000000000000
摘要：支付货款	用途：转账	币种：人民币
交易机构：04100000292	记账柜员：03741	交易代码：02108　渠道：柜面
产品名称	费用名称	
应付金额：95 485.00元	实付金额：95 485.00元	收费渠道：其他
本回单为第一次打印，注意重复	打印日期：2×23年12月01日	打印柜员：8　验证码：DA45340EF025

（印章：中国工商银行光明市支行 业务专用章（1））

业务3-4-1

光明市永春机械公司　报账（付款）审批单

部门：办公室　　2×23年12月04日

经手人	焦吉华	事由	现金报销办公费及修缮费
项目名称	金额（元）	付款（结算）方式	备注
办公费	5 085.00	库存现金	
修缮费	1 526.00	库存现金	
合　计	6 611.00		
单位负责人	财务主管	部门领导	出纳员
同意。李永春	同意。钱一凡	同意。赵婉茹	张理财

附单据3张

（印章：现金付讫）

业务提示

业务3-4-2

电子发票（增值税专用发票）

（印章：全国统一发票监制章 国家税务总局光明市税务局）

发票号码：23311008500034002358

开票日期：2×23年12月04日

购买方信息	名称：光明市永春机械公司 统一社会信用代码/纳税人识别号： 91310040213456070M	销售方信息	名称：光明市文苑文化用品公司 统一社会信用代码/纳税人识别号： 91310138241678215A

项目名称	规格型号	单位	数量	单价	金额	税率/征收率	税额
*文化用品*复印纸		箱	10	80.00	800.00	13%	104.00
*电脑配件*移动硬盘		个	8	400.00	3 200.00	13%	416.00
*文化用品*文件夹		个	25	20.00	500.00	13%	65.00
合　计					¥4 500.00		¥585.00
价税合计（大写）	⊗伍仟零捌拾伍元整					（小写）	¥5 085.00
备注							

开票人：张清远

业务3-4-3

办公用品领用及费用分配表

2×23年12月04日　　　　金额单位：元

领用部门	复印纸		移动硬盘		文件夹		金额合计	签字
	数量	金额	数量	金额	数量	金额		
生产车间					5	100.00	100.00	高务全
企业管理部门	8	640.00	6	2 400.00	20	400.00	3 440.00	赵婉茹
专设销售机构	2	160.00	2	800.00			960.00	鲍巩英
合计	10	800.00	8	3 200.00	25	500.00	4 500.00	
备注：各车间、部门直接领用。								

财务主管：钱一凡　　制单：严尧秋　　记账：高桂格

业务3-4-4

电子发票（增值税专用发票）

建筑服务

发票号码：22311000000089561209

开票日期：2×23年12月04日

购买方信息	名称：光明市永春机械公司 统一社会信用代码/纳税人识别号： 91310040213456070M	销售方信息	名称：光明市方正建筑公司 统一社会信用代码/纳税人识别号： 91310112784668212A

项目名称	建筑服务发生地	建筑项目名称	金额	税率/征收率	税额
*建筑服务*修缮服务	光明市建设路68号	办公大楼修理	1 400.00	9%	126.00
合计			¥1 400.00		¥126.00
价税合计（大写）	⊗壹仟伍佰贰拾陆元整			（小写）	¥1 526.00
备注	土地增值税项目编号： 跨地（市）标志：				

开票人：白玫瑰

业务4

ICBC 中国工商银行　业务回单（收款）

日期：2×23年12月04日　　回单编号：18008001028

付款人户名：昆明市金花机械公司	付款人开户行：中国工商银行昆明市支行	
付款人账号（卡号）：280500004		
收款人户名：光明市永春机械公司	收款人开户行：中国工商银行光明市支行	
收款人账号（卡号）：230045006		
金额：贰拾陆万元整	小写：260 000.00元	
业务（产品）种类：结算业务凭证	凭证种类：000000000	凭证号码：00000000000000000
摘要：偿还前欠货款	用途：转账	币种：人民币
交易机构：04100000292	记账柜员：03741	交易代码：02108　渠道：柜面
产品名称	费用名称	
应付金额：260 000.00元	实付金额：260 000.00元	收费渠道：其他
本回单为第一次打印，注意重复	打印日期：2×23年12月04日	打印柜员：8　验证码：DA45340EF125

业务提示

业务 5-3-1

光明市永春机械公司　领料单

编号：201

领料单位：生产车间　　2×23年12月04日　　仓库：原料库

材料类别	材料编号	名称及规格	计量单位	数量		单价	金额	领料用途
				请领	实发			
（略）	（略）	甲材料	千克	470	470			生产A产品
		乙材料	千克	500	500			

二 财务联

车间主管：高安全　保管员：特认真　记账：高桂格　制单：艾志丹

业务提示

业务 5-3-2

光明市永春机械公司　领料单

编号：202

领料单位：生产车间　　2×23年12月04日　　仓库：原料库

材料类别	材料编号	名称及规格	计量单位	数量		单价	金额	领料用途
				请领	实发			
（略）	（略）	甲材料	千克	330	330			生产B产品
		乙材料	千克	400	400			

二 财务联

车间主管：高安全　保管员：特认真　记账：高桂格　制单：艾志丹

业务 5-3-3

光明市永春机械公司　领料单

编号：203

领料单位：供销科　　2×23年12月04日　　仓库：原料库

材料类别	材料编号	名称及规格	计量单位	数量		单价	金额	领料用途
				请领	实发			
（略）	（略）	丙材料	千克	230	230			产品销售包装

二 财务联

车间主管：高安全　保管员：特认真　记账：高桂格　制单：艾志丹

业务6-3-1

光明市永春机械公司 报账（付款）审批单

部门：办公室　　2×23年12月04日

经手人	焦吉华	事由	支付广告费
项目名称	金额（元）	付款（结算）方式	备注
广告费	39 273.00	网银	
合　计	39 273.00		
单位负责人	财务主管	部门领导	出纳员
同意。李永春	同意。钱一凡	同意。赵婉茹	张理财

附单据 1 张

业务提示

业务6-3-2

电子发票（增值税专用发票）

发票号码：23311000020034001248

开票日期：2×23年12月04日

购买方信息	名称：光明市永春机械公司 统一社会信用代码/纳税人识别号： 91310040213456070M	销售方信息	名称：光明市阳明广告公司 统一社会信用代码/纳税人识别号： 91310206318853206A

项目名称	规格型号	单位	数量	单价	金额	税率/征收率	税额
*文化创意服务*广告服务		m^2	247	150.00	37 050.00	6%	2 223.00
合　计					¥37 050.00		¥2 223.00
价税合计（大写）	⊗叁万玖仟贰佰柒拾叁元整					（小写）	¥39 273.00
备注							

开票人：常有礼

业务6-3-3

ICBC 中国工商银行　业务回单（付款）

日期：2×23年12月04日　　回单编号：18008001046

付款人户名：光明市永春机械公司	付款人开户行：中国工商银行光明市支行	
付款人账号（卡号）：230045006		
收款人户名：光明市阳明广告公司	收款人开户行：中国工商银行奉化街办事处	
收款人账号（卡号）：246790025		
金额：叁万玖仟贰佰柒拾叁元整	小写：39 273.00元	
业务（产品）种类：结算业务凭证	凭证种类：000000000	凭证号码：0000000000000000
摘要：支付广告费	用途：转账	币种：人民币
交易机构：04100000292	记账柜员：03741	交易代码：02108　渠道：柜面
产品名称	费用名称	
应付金额：39 273.00元	实付金额：39 273.00元	收费渠道：其他
本回单为第一次打印，注意重复	打印日期：2×23年12月04日	打印柜员：8　验证码：DA45340EF096

业务7-2-1

光明市永春机械公司　报账（付款）审批单

部门：财务科　　　　2×23年12月07日

经手人	甄紫曦	事由	支付到期商业承兑汇票款
项目名称	金额（元）	付款（结算）方式	备注
应付票据	64 000.00	委托收款（付款通知）	
合　计	64 000.00		
单位负责人	财务主管	部门领导	出纳员
同意。李永春	同意。钱一凡		张理财

附单据 1 张

业务提示

业务7-2-2

ICBC 中国工商银行　托收凭证（付款通知）　5

委托日期 2×23年12月04日　　付款期限 2×23年12月07日

业务类型	委托收款（☑邮划、□电划）　托收承付（□邮划、□电划）					
付款人 全称	光明市永春机械公司			收款人 全称	广州市秋林机械公司	
账号	230045006			账号	382246790	
地址	省 光明 市/县	开户行	工行光支	地址	广东省 广州 市/县	开户行　工行天办
金额 人民币（大写）	陆万肆仟元整			千百十万千百十元角分	¥ 6 4 0 0 0 0 0	
款项内容	货款	托收凭据名称	商业承兑汇票	附寄单证张数	1	
商品发运情况				合同名称号码		

备注：该商业承兑汇票到期日为2×23年12月07日

复核　　记账

付款人开户银行签章　2×23年12月07日

（印章：中国工商银行光明市支行 2×23年12月07日 转讫）

付款人注意：
1.根据支付结算办法，上列委托收款（托收承付）款项在付款期限内未提出拒付，即视为同意付款，以此代付款通知。
2.如需提出全部或部分拒付，应在规定期限内，将拒付理由书并附债务证明退交开户银行。

此联为付款人开户银行给付款人的按期付款通知

业务8-3-1

光明市永春机械公司　报账（付款）审批单

部门：财务科　　　　2×23年12月07日

经手人	甄紫曦	事由	发放工资
项目名称	金额（元）	付款（结算）方式	备注
应付职工薪酬	190 000.00	银行转账	上月实发工资为190 000元，直接转入职工个人银行卡
合　计	190 000.00		
单位负责人	财务主管	部门领导	出纳员
同意。李永春	同意。钱一凡		张理财

附单据 2 张

业务提示

业务8-3-2

ICBC 中国工商银行　电子转账凭证

币种：人民币　　委托日期2×23年12月07日　　凭证编号：00278561

付款人	全　称	光明市永春机械公司	收款人	全　称	批量代付
	账　号	230045006		账　号	230045006
	汇出地点	光明市		地　址	光明市
汇出行名称		中国工商银行光明市支行	汇入行名称		中国工商银行光明市支行
金额	人民币（大写）壹拾玖万元整		亿 千 百 十 万 千 百 十 元 角 分		¥ 1 9 0 0 0 0 0 0
附加信息及用途	发放职工工资		支付密码		
			根据中国工商银行光明市永春机械公司客户120930号电子命令，上述款项已由本行支付。		
	银行盖章		客户经办人：1562　复核：1324　记账：1765		

中国工商银行光明市支行 2×23年12月07日 转讫

第一联 客户回单

业务8-3-3

特色业务中国工商银行批量代付成功清单

机构代码：91310040213456070M　机构名称：中国工商银行光明市支行　入账日期：2×23年12月07日

客户账号	姓　名	金　额
6220241000005160341	（略）	（略）
6220241000005160342	（略）	（略）
6220241000005160343	（略）	（略）
6220241000005160344	（略）	（略）
6220241000005160345	（略）	（略）
（以下略）	（略）	（略）
合　计		190 000.00

中国工商银行光明市支行 2×23年12月07日 转讫

业务9-3-1

光明市永春机械公司　报账（付款）审批单

部门：办公室　　2×23年12月10日

经手人	焦吉华	事由	缴纳有关税费
项目名称	金额（元）	付款（结算）方式	备注
应缴税费	122 880.00	银行转账（缴款书）	
合　计	122 880.00		
单位负责人	财务主管	部门领导	出纳员
同意。 李永春	同意。 钱一凡	同意。 赵婉茹	张理财

附单据 2 张

业务提示

业务9-3-2

中华人民共和国
税收通用缴款书

(2×23) 50570525
光税缴

注册类型：有限责任公司　　填发日期：2×23年12月10日　　征收机关：光明市税务分局

缴款单位（人）	代码	91310040213456070M			预算科目	编码									
	全称	光明市永春机械公司				名称	增值税								
	开户银行	中国工商银行光明市支行				级次	中央50%　地方50%								
	账号	230045006			收款国库		光明市中心支库								
税款所属时期		2×23年11月16日—30日			税款限缴日期		2×23年12月10日								
品目名称		课税数量	计税金额或销售收入	税率或单位税额	已缴或扣除额		实缴金额 千	百	十	万	千	百	十	元	角	分
增值税				13%						3	9	0	0	0	0	0
金额合计	人民币（大写）叁万玖仟元整								¥	3	9	0	0	0	0	0
缴款单位（人）（盖章）经办人（章）		税务机关（盖章）填票人（章）			上列款项已收妥并划转收款单位账户 国库（银行）盖章 年 月 日						备注					

第一联（收据）国库（银行）收款盖章后退缴款单位（人）作完税凭证

逾期不缴按税法规定加收滞纳金

业务9-3-3

中华人民共和国
税收通用缴款书

(2×23) 30370323
光税缴

注册类型：有限责任公司　　填发日期：2×23年12月10日　　征收机关：光明市税务分局

缴款单位（人）	代码	91310040213456070M			预算科目	编码										
	全称	光明市永春机械公司				名称										
	开户银行	中国工商银行光明市支行				级次										
	账号	230045006			收款国库		光明市中心支库									
税款所属时期		2×23年11月1日—30日			税款限缴日期		2×23年12月10日									
品目名称		课税数量	计税金额或销售收入	税率或单位税额	已缴或扣除额		实缴金额 千	百	十	万	千	百	十	元	角	分
企业所得税			300 000	25%						7	5	0	0	0	0	0
城市维护建设税			74 000	7%							5	1	8	0	0	0
教育费附加			74 000	3%							2	2	2	0	0	0
地方教育附加			74 000	2%							1	4	8	0	0	0
金额合计	人民币（大写）捌万叁仟捌佰捌拾元整								¥	8	3	8	8	0	0	0
缴款单位（人）（盖章）经办人（章）		税务机关（盖章）填票人（章）			上列款项已收妥并划转收款单位账户 国库（银行）盖章 年 月 日						备注					

第一联（收据）国库（银行）收款盖章后退缴款单位（人）作完税凭证

逾期不缴按税法规定加收滞纳金

业务 10

光明市永春机械公司　产品入库单

交库单位：生产车间　　2×23年12月10日　　仓库：成品库　编号：301

产品编号	规格	产品名称	计量单位	数量		单位成本	总成本	备注
				送检	实收			
（略）	（略）	A产品	台	50	50			完工入库
		B产品	台	50	50			

二 财务联

车间主管：高安全　保管员：甄仔细　记账：高桂格　制单：严尧秋

业务提示

业务 11-3-1

光明市永春机械公司　报账（付款）审批单

部门：供销科　　2×23年12月10日

经手人	鲍巩英	事由	购料冲销预付账款
项目名称	金额（元）	付款（结算）方式	备注
材料采购	84 750.00	冲销预付账款	上月已预付货款87 000元，余款2 250元留待下次结算
合　计	84 750.00		
单位负责人	财务主管	部门领导	出纳员
同意。李永春	同意。钱一凡	同意。卜发愁	张理财

附单据2张

业务提示

业务 11-3-2

电子发票（增值税专用发票）

（印章：全国统一发票监制章 国家税务总局 湖北省税务局）

发票号码：23421004200034002283

开票日期：2×23年12月10日

购买方信息	名称：光明市永春机械公司 统一社会信用代码/纳税人识别号： 91310040213456070M	销售方信息	名称：武汉市远程机械公司 统一社会信用代码/纳税人识别号： 91420106316454856A

项目名称	规格型号	单位	数量	单价	金额	税率/征收率	税额
*黑色金属压延品*甲材料		千克	500	102.00	51 000.00	13%	6 630.00
*黑色金属压延品*丙材料		千克	300	80.00	24 000.00	13%	3 120.00
合　计					¥75 000.00		¥9 750.00
价税合计（大写）	⊗捌万肆仟柒佰伍拾元整				（小写）¥84 750.00		
备注							

（印章：冲销预付账款）

开票人：孙大光

业务 11-3-3

光明市永春机械公司　收料单

编号：102

供货单位：武汉市远程机械公司　　2×23年12月10日　　仓库：原料库

材料类别	材料编号	名称及规格	计量单位	数量		实际成本（元）			
				应收	实收	发票价格	采购费用	合计	单价
（略）	（略）	甲材料	千克	500	500	51 000		51 000	102.00
		丙材料	千克	300	300	24 000		24 000	80.00
合　计						75 000		75 000	

二　财务联

供销主管：卜发愁　　保管员：特认真　　记账：高桂格　　制单：艾志丹

业务提示

业务 12

ICBC 中国工商银行　托收凭证（收账通知）　4

委托日期 2×23年12月10日　　付款期限 2×23年12月10日

业务类型	委托收款（□邮划、☑电划）　托收承付（□邮划、□电划）				
付款人　全称	兰州市明远机械公司		收款人　全称	光明市永春机械公司	
付款人　账号	680586004		收款人　账号	230045006	
付款人　地址	甘肃省兰州市/县	开户行　工行兰分	收款人　地址	省光明市/县	开户行　工行光支
金额　人民币（大写）	贰拾肆万元整		亿 千 百 十 万 千 百 十 元 角 分	¥ 2 4 0 0 0 0 0 0	
款项内容	货款	托收凭据名称　商业承兑汇票		附寄单证张数	1
商品发运情况			合同名称号码		
备注：该商业承兑汇票到期日为2×23年12月10日　复核　记账			上列款项已划回收入你方账户内。收款人开户银行签章　2×23年12月10日		

中国工商银行光明市支行　2×23年12月10日　转讫

此联付款人开户行凭以汇款或收款人开户行作收账通知

业务提示

业务 13-3-1

光明市永春机械公司　报账（付款）审批单

部门：供销科　　2×23年12月13日

经手人	鲍巩英	事由	销售产品，冲销预收账款
项目名称	金额（元）	付款（结算）方式	备注
产品销售	282 500.00	冲销预收账款	上月已预收282 500元，与实际结算金额相等
合　计	282 500.00		
单位负责人	财务主管	部门领导	出纳员
同意。李永春	同意。钱一凡	同意。卜发愁	张理财

附单据 1 张

业务 13-3-2

光明市永春机械公司　产品出库单

仓库：成品库

购买方：太原市通宝机械公司　　2×23年12月13日　　编号：402

产品编号	规格	产品名称	计量单位	数量		单位成本	金额	备注
				应发	实发			
（略）	（略）	A产品	台	25	25			冲销预收账款方式销售
		B产品	台	25	25			

二 财务联

供销主管：卜发愁　保管员：甄仔细　记账：高桂格　制单：严尧秋

业务 13-3-3

电子发票（增值税专用发票）

全国统一发票监制章 国家税务总局 光明市税务局

发票号码：23311000050034001212

开票日期：2×23年12月13日

购买方信息	名称：太原市通宝机械公司 统一社会信用代码/纳税人识别号： 91140120314954649A	销售方信息	名称：光明市永春机械公司 统一社会信用代码/纳税人识别号： 91310040213456070M

项目名称	规格型号	单位	数量	单价	金额	税率/征收率	税额
*全数机床*A产品		台	25	6 000.00	150 000.00	13%	19 500.00
*全数机床*B产品		台	25	4 000.00	100 000.00	13%	13 000.00
合　计					¥250 000.00		¥32 500.00
价税合计（大写）	⊗贰拾捌万贰仟伍佰元整					（小写）	¥282 500.00
备注							

冲销预收账款

开票人：刘富民

业务 14-2-1

光明市永春机械公司　报账（付款）审批单

部门：财务科　　2×23年12月13日

经手人	甄紫曦	事由	偿还前欠鸿运机械公司货款
项目名称	金额（元）	付款（结算）方式	备注
应付账款	195 000.00	网银	
合　计	195 000.00		
单位负责人	财务主管	部门领导	出纳员
同意。李永春	同意。钱一凡		张理财

附单据 0 张

业务提示

业务 14-2-2

ICBC 中国工商银行　业务回单（付款）

日期：2×23年12月13日　　回单编号：18008001247

付款人户名：光明市永春机械公司　　付款人开户行：中国工商银行光明市支行
付款人账号（卡号）：230045006
收款人户名：光明市鸿运机械公司　　收款人开户行：中国工商银行桥头街办事处
收款人账号（卡号）：232200796
金额：壹拾玖万伍仟元整　　小写：195 000.00元
业务（产品）种类：结算业务凭证　　凭证种类：000000000　　凭证号码：0000000000000000
摘要：偿还前欠货款　　用途：转账　　币种：人民币
交易机构：04100000292　　记账柜员：03741　　交易代码：02108　　渠道：柜面
产品名称　　费用名称
应付金额：195 000.00元　　实付金额：195 000.00元　　收费渠道：其他
本回单为第一次打印，注意重复　　打印日期：2×23年12月13日　　打印柜员：8　　验证码：DA45340EF698

中国工商银行光明市支行 业务专用章（1）

业务 15-4-1

光明市永春机械公司 报账（付款）审批单

部门：办公室　　2×23年12月13日

经手人	焦吉华	事由	支付职工体检费
项目名称	金额（元）	付款（结算）方式	备注
应付职工薪酬	28 090.00	网银	
合　计	28 090.00		
单位负责人	财务主管	部门领导	出纳员
同意。 李永春	同意。 钱一凡	同意。 赵婉茹	张理财

附单据 2 张

业务提示

业务 15-4-2

电子发票（普通发票）

全国统一发票监制章 国家税务总局 光明市税务局

发票号码：23311000250034001362
开票日期：2×23年12月13日

购买方信息	名称：光明市永春机械公司 统一社会信用代码/纳税人识别号： 91310040213456070M	销售方信息	名称：光明市华山人民医院 统一社会信用代码/纳税人识别号： 91310020124806007E

项目名称	规格型号	单位	数量	单价	金额	税率/征收率	税额
*教育医疗服务*体检费		人/次	50	530.00	26 500.00	6%	1 590.00
合　计					¥26 500.00		¥1 590.00
价税合计（大写）	⊗贰万捌万零玖拾元整					（小写）	¥28 090.00
备注							

开票人：张国华

业务 15-4-3

中国工商银行　业务回单（付款）

日期：2×23年12月13日　　回单编号：18008001292

付款人户名：光明市永春机械公司		付款人开户行：中国工商银行光明市支行
付款人账号（卡号）：230045006		
收款人户名：光明市华山人民医院		收款人开户行：中国建设银行光明市支行
收款人账号（卡号）：460078926		
金额：贰万捌仟零玖拾元整		小写：28 090.00元
业务（产品）种类：结算业务凭证	凭证种类：000000000	凭证号码：00000000000000000
摘要：支付职工体检费	用途：转账	币种：人民币
交易机构：04100000292	记账柜员：03741	交易代码：02108　渠道：柜面
产品名称	费用名称	
应付金额：28 090.00元	实付金额：28 090.00元	收费渠道：其他
本回单为第一次打印，注意重复	打印日期：2×23年12月13日	打印柜员：8　验证码：DA45340EF785

中国工商银行光明市支行 业务专用章 (1)

业务 15-4-4

职工福利费分配表

2×23年12月13日　　单位：元

职工福利费项目	车间、部门及人员类别		应分配金额
职工体检费	车间生产人员	A产品	12 600.00
		B产品	9 800.00
		小　计	22 400.00
	车间管理人员		1 400.00
	专设销售机构人员		1 400.00
	行政管理部门人员		2 890.00
合　计			28 090.00

财务主管：钱一凡　　出差人：刘景明　　出纳：高桂格

业务 16-6-1

光明市永春机械公司　差旅费报销单

2×23年12月15日　　单位：元

姓名			鲍巩英			出差事由	参加陕西省港城新产品展销会		
启程日期及地点			到达日期及地点			发票信息			
月	日	地点	月	日	地点	旅客运输	价　款	税　额	价税合计
12	03	光明市	12	03	西安市	飞机	1 550.00	135.00	1 685.00
12	03	西安市	12	03	港城	高铁	200.00	18.00	218.00
12	08	西安市	12	08	光明市	飞机	1 550.00	135.00	1 685.00
住宿地点：港城童话大酒店			住宿天数：5			住宿服务	2 900.00	174.00	3 074.00
小　计							6 200.00	462.00	6 662.00
出差补助天数：6天			市内交通包干：480.00元				伙食费补助：720.00元		1 200.00
合　计									7 862.00
实报金额			人民币（大写）柒仟捌佰陆拾贰元整				（小写）¥7 862.00		
原预借金额：¥8 500.00			应退金额：¥638.00				应补金额：¥		

财务主管：钱一凡　　出差人：鲍巩英　　出纳：张理财

业务提示

业务 16-6-2

电子发票（增值税专用发票）

全国统一发票监制章 国家税务总局 广东省税务局

旅客运输服务

发票号码：23441000000069523200

开票日期：2×23 年 12 月 03 日

购买方信息	名称：光明市永春机械公司 统一社会信用代码/纳税人识别号： 91310040213456070M
销售方信息	名称：中国南方航空股份有限公司 统一社会信用代码/纳税人识别号： 91440000100001760N

项目名称	单位	数量	单价	金额	税率/征收率	税额
*运输服务*客票款	人	1	1 300.00	1 300.00	9%	117.00
*代收民航发展基金*民航发展基金	人	1	50.00	50.00	不征税	***
*运输服务*客运燃油附加费	人	1	200.00	200.00	9%	18.00
合　计				¥1 550.00		¥135.00

出行人	有效身份证件号	出行日期	出发地	到达地	等级	交通工具类型
鲍巩英	1401021978****203X	2×23-12-03	光明市	西安市	经济舱	飞机

价税合计（大写）⊗壹仟陆佰捌拾伍元整　（小写）¥1 685.00

备注：

开票人：高越男

业务 16-6-3

电子发票（增值税专用发票）

全国统一发票监制章 国家税务总局 广东省税务局

旅客运输服务

发票号码：23441000000069523285

开票日期：2×23 年 12 月 08 日

购买方信息	名称：光明市永春机械公司 统一社会信用代码/纳税人识别号： 91310040213456070M
销售方信息	名称：中国南方航空股份有限公司 统一社会信用代码/纳税人识别号： 91440000100001760N

项目名称	单位	数量	单价	金额	税率/征收率	税额
*运输服务*客票款	人	1	1 300.00	1 300.00	9%	117.00
*代收民航发展基金*民航发展基金	人	1	50.00	50.00	不征税	***
*运输服务*客运燃油附加费	人	1	200.00	200.00	9%	18.00
合　计				¥1 550.00		¥135.00

出行人	有效身份证件号	出行日期	出发地	到达地	等级	交通工具类型
鲍巩英	1401021978****203X	2×23-12-08	西安市	光明市	经济舱	飞机

价税合计（大写）⊗壹仟陆佰捌拾伍元整　（小写）¥1 685.00

备注：

开票人：高越男

业务 16-6-4

电子发票（增值税专用发票）

全国统一发票监制章 国家税务总局 陕西省税务局

旅客运输服务

发票号码：23641000000069523200

开票日期：2×23 年 12 月 03 日

购买方信息	名称：光明市永春机械公司 统一社会信用代码/纳税人识别号： 91310040213456070M
销售方信息	名称：中国铁路西安局集团有限公司 统一社会信用代码/纳税人识别号： 91610000623110601A

项目名称	单位	数量	单价	金额	税率/征收率	税额
*运输服务*客票款	人	1	200.00	200.00	9%	18.00
合　计				¥200.00		¥18.00

出行人	有效身份证件号	出行日期	出发地	到达地	等级	交通工具类型
鲍巩英	1401021978****203X	2×23-12-03	西安市	港城	一等	高铁

价税合计（大写）⊗贰佰壹拾捌元整　（小写）¥218.00

备注：

开票人：高伟

业务 16-6-5

电子发票（增值税专用发票）

全国统一发票监制章 国家税务总局 陕西省税务局

发票号码：23641000020034001289

开票日期：2×23 年 12 月 08 日

购买方信息	名称：光明市永春机械公司 统一社会信用代码/纳税人识别号： 91310040213456070M			销售方信息	名称：港城童话大酒店 统一社会信用代码/纳税人识别号： 91640106301454785A		
项目名称	规格型号	单位	数量	单价	金额	税率/征收率	税额
*餐饮住宿服务*住宿费		天	5	580.00	2 900.00	6%	174.00
合　计					¥2 900.00		¥174.00
价税合计（大写）	⊗叁仟零柒拾肆元整					（小写）¥3 074.00	
备注							

开票人：杨灿烂

业务 16-6-6

光明市永春机械公司　内部收据

2×23年12月15日　　编号：2×231215

今　收　到

鲍巩英　交来　出差借款剩余款

人民币（大写）陆佰叁拾捌元整　（小写）¥ 638.00

现金收讫

备注：

第二联　记账联

记账：高桂格　出纳：张理财　制单：艾志丹

业务 17-3-1

光明市永春机械公司　报账（付款）审批单

部门：办公室　　2×23年12月15日

经手人	焦吉华	事由	红十字会抗洪救灾捐款
项目名称	金额（元）	付款（结算）方式	备注
公益救济性捐赠	58 000.00	转账支票	
合　计	58 000.00		
单位负责人	财务主管	部门领导	出纳员
同意。李永春	同意。钱一凡	同意。赵婉茹	张理财

附单据 1 张

业务提示

业务 17-3-2

中国工商银行
转账支票存根
30909320
20617230
附加信息
出票日期 2×23年12月15日
收款人：光明市红十字会
金 额：¥ 58 000.00
用 途：抗洪救灾捐款
单位主管 会计

中国工商银行 转账支票 30909320 20617230

出票日期（大写）贰×贰叁年壹拾贰月壹拾伍日 付款行名称：中国工商银行光明市支行
收款人：光明市永春机械公司 出票人账号：230045006
人民币（大写）伍万捌仟元整 亿千百十万千百十元角分 ¥ 5 8 0 0 0 0 0
付款期限自出票之日起十天
用途：抗洪救灾捐款 密码 8379 2298 8038 2293
上列款项请从 序号
我账户内支付
出票人签章 复核 记账

（印章：光明市永春机械公司 财务专用章；李春永印）

业务 17-3-3

公益性单位接受捐赠统一收据

UNIFIED INVOICE OF DONATION FOR PUBLIC WELFARE ORGANIZATION

国财 2×23年 Y 12月 M 15日 D (04)No 643113

捐赠者 Donor：光明市永春机械公司
捐赠项目 For Purpose：抗洪救灾
捐赠金额（实物价值）Total Amount 大写 In Words：零佰零拾伍万捌仟零佰零拾零元零角零分
小写 Figures：¥ 5 8 0 0 0 0 0
货币（实物）种类 Currency：人民币
备注 Noter

接收单位 Receiver　审核 Verified by 李娜　经手人 Handling Person 王佳　支票号 Cheque No 20617230

谢您的慷慨捐赠！ Thank you for your generous donation!

第二联 捐赠者 Second Donor

（印章：光明市红十字会 财务专用章）

实操二　12月16日—31日日常经济业务的原始凭证及账务处理提示

业务 18-2-1

光明市永春机械公司 报账（付款）审批单

部门：财务科　　2×23年12月16日

经手人	甄紫曦	事由	缴纳增值税
项目名称	金额（元）	付款（结算）方式	备注
缴纳增值税	34 369.00	银行转账（缴款书）	
合　计	34 369.00		
单位负责人	财务主管	部门领导	出纳员
同意。 李永春	同意。 钱一凡		张理财

附单据 1 张

业务提示

业务 18-2-2

ICBC 中国工商银行 电子缴税付款凭证

委托日期 2×23年12月16日　　　凭证字号：02567256

纳税人全称及纳税人识别号：光明市永春机械公司 91310040213456070M	
付款人全称：光明市永春机械公司	
付款人账号：230045006	征收机关名称：光明市税务局分局
付款人开户银行：中国工商银行光明市支行	收款国库（银行）名称：国家金库光明市支库
小写（合计）金额：¥34 369.00	缴款书交易流水号：9131136512M
大写（合计）金额：人民币叁万肆仟叁佰陆拾玖元整	税票号码：127159191070216812

税费种名称	所属时期	实缴金额
增值税	2×23-12-01—2×23-12-15	¥34 369.00
第一次打印	打印时间：2×23-12-16	

第二联　作付款回单　　　复核：李鼎旺　　　记账：药景明

(盖章：中国工商银行光明市支行 2×23年12月16日 转讫)

业务 19-6-1

光明市永春机械公司　报账（付款）审批单

部门：供销科　　　2×23年12月16日

经手人	鲍巩英	事由	购材料签发商业承兑汇票
项目名称	金额（元）	付款（结算）方式	备注
材料采购	91 373.00	商业承兑汇票	对方代垫运费
合　计	91 373.00		
单位负责人	财务主管	部门领导	出纳员
同意。李永春	同意。钱一凡	同意。卜发愁	张理财

附单据 4 张

业务 19-6-2

电子发票（增值税专用发票）

(盖章：全国统一发票监制章 国家税务总局 广东省税务局)

发票号码：23511000500034001228

开票日期：2×23年12月13日

购买方信息	名称：光明市永春机械公司 统一社会信用代码/纳税人识别号： 91310040213456070M	销售方信息	名称：广州市秋林机械公司 统一社会信用代码/纳税人识别号： 91510206316453201A

项目名称	规格型号	单位	数量	单价	金额	税率/征收率	税额
*黑色金属压延品*甲材料		千克	500	102.00	51 000.00	13%	6 630.00
*黑色金属压延品*乙材料		千克	600	48.00	28 800.00	13%	3 744.00
合　计					¥79 800.00		¥10 374.00
价税合计（大写）	⊗玖万零壹佰柒拾肆元整					（小写）	¥90 174.00
备注							

(盖章：商业承兑汇票)

开票人：刘大科

业务提示

业务 19-6-3

电子发票（增值税专用发票）

货物运输服务

发票号码：23511000000039004210

开票日期：2×23 年 12 月 13 日

购买方信息	名称：光明市永春机械公司 统一社会信用代码/纳税人识别号： 91310040213456070M	销售方信息	名称：广州市顺风物流公司 统一社会信用代码/纳税人识别号： 91510206382224857A

项目名称	规格型号	单位	数量	单价	金额	税率/征收率	税额
*陆路运输*其他陆路运输		吨公里	2 200	0.50	1 100.00	9%	99.00
合　计					¥1 100.00		¥99.00

运输工具种类	运输工具牌号	起运地	到达地	运输货物名称
大卡车	粤 A20468	广州市	光明市	甲材料、乙材料

价税合计（大写）：⊗壹仟壹佰玖拾玖元整　（小写）¥1 199.00

备注：

开票人：刘财富

业务 19-6-4

材料采购费用分配表

2×23年12月16日　　金额单位：元

材料名称	计量单位	分配标准（材料重量）	分配率	分配金额
甲材料	千克	500	1.00	500.00
乙材料	千克	600	1.00	600.00
合　计		1 100		1 100.00

会计主管：钱一凡　　制单：刘景明　　复核：高桂格

业务 19-6-5

光明市永春机械公司　收料单

编号：103

供货单位：广州市秋林机械公司　　2×23年12月16日　　仓库：原材库

材料类别	材料编号	名称及规格	计量单位	数量		实际成本（元）			
				应收	实收	发票价格	采购费用	合计	单价
（略）	（略）	甲材料	千克	500	500	51 000	500	51 500	103.00
		乙材料	千克	600	600	28 800	600	29 400	49.00
合　计						79 800	1 100	80 900	

二 财务联

供销主管：卜发愁　　保管员：特认真　　记账：高桂格　　制单：艾志丹

业务 19-6-6

商业承兑汇票（卡片） 1

出票日期（大写）贰×贰叁年壹拾贰月壹拾陆日　　00800386

付款人	全称	光明市永春机械公司	收款人	全称	广州市秋林机械公司
	账号	230045006		账号	382246790
	开户银行	中国工商银行光明市支行		开户银行	中国工商银行天明路办事处
出票金额	人民币（大写）	玖万壹仟叁佰柒拾叁元整	亿 千 百 十 万 千 百 十 元 角 分		¥ 9 1 3 7 3 0 0
汇票到期日（大写）	贰×贰肆年零陆月壹拾陆日		付款人开户行	行号	105603000606
交易合同号码				地址	光明市建设路180号
出票人签章			备注：		

此联由承兑人存查

（印章：光明市永春机械公司 财务专用章；李永春印）

业务 20-3-1

电子发票（增值税专用发票）

（印章：全国统一发票监制章 国家税务总局 光明市税务局）

发票号码：23311000050034001213
开票日期：2×23年12月18日

购买方信息	名称：兰州市明远机械公司 统一社会信用代码/纳税人识别号： 91620120314956840A	销售方信息	名称：光明市永春机械公司 统一社会信用代码/纳税人识别号： 91310040213456070M

项目名称	规格型号	单位	数量	单价	金额	税率/征收率	税额
*全数机床*A产品		台	35	6 000.00	210 000.00	13%	27 300.00
*全数机床*B产品		台	40	4 000.00	160 000.00	13%	20 800.00
合　计					¥370 000.00		¥48 100.00
价税合计（大写）	⊗肆拾壹万捌仟壹佰元整					（小写）	¥418 100.00
备注							

开票人：刘富民

（印章：商业承兑汇票销售）

业务提示

业务 20-3-2

光明市永春机械公司　产品出库单

购买方：兰州市明远机械公司　　2×23年12月18日　　仓库：成品库　编号：403

产品编号	规格	产品名称	计量单位	数量 应发	数量 实发	单位成本	金额	备注
（略）	（略）	A产品	台	35	35			对方自提货物
		B产品	台	40	40			

二 财务联

供销主管：卜发愁　保管员：甄仔细　记账：高桂格　制单：严尧秋

业务 20-3-3

商业承兑汇票　2

出票日期（大写）：贰×贰叁年壹拾贰月壹拾捌日　　　　00800394

付款人	全　称	呈州市明远机械公司	收款人	全　称	光明市永春机械公司
	账　号	680586004		账　号	230045006
	开户行	工商银行呈州市分行		开户行	工商银行光明市支行
出票金额	人民币（大写）	肆拾壹万捌仟壹佰元整		亿千百十万千百十元角分	¥41810000
汇票到期日（大写）	贰×贰肆年零肆月壹拾捌日		付款人开户行	行号	380011486
交易合同号码				地址	呈州市明星路388号
本汇票已经承兑，到期无条件付款。承兑人签章　承兑日期：2×23年12月18日			本汇票请予以承兑，并于到期日付款。出票人签章		

此联持票人开户行随托收凭证寄付款人开户行作借方凭证附件

（印章：张远明印；呈州市明远机械公司 财务专用章；复印件与原件核对一致）

业务 21-3-1

光明市永春机械公司　领料单

领料单位：生产车间　　2×23年12月18日　　编号：204　仓库：原料库

材料类别	材料编号	名称及规格	计量单位	数量：请领	数量：实发	单价	金额	领料用途
（略）	（略）	甲材料	千克	470	470			生产A产品
		乙材料	千克	499	499			

二　财务联

车间主管：高安全　保管员：特认真　记账：高桂格　制单：艾志丹

业务 21-3-2

光明市永春机械公司　领料单

领料单位：生产车间　　2×23年12月18日　　编号：205　仓库：原料库

材料类别	材料编号	名称及规格	计量单位	数量：请领	数量：实发	单价	金额	领料用途
（略）	（略）	甲材料	千克	330	330			生产B产品
		乙材料	千克	397	397			

二　财务联

车间主管：高安全　保管员：特认真　记账：高桂格　制单：艾志丹

业务提示

业务21-3-3

光明市永春机械公司　领料单

编号：206

领料单位：供销科　　2×23年12月18日　　仓库：原料库

材料类别	材料编号	名称及规格	计量单位	数量		单价	金额	领料用途
				请领	实发			
（略）	（略）	丙材料	千克	230	230			产品销售包装

二 财务联

车间主管：高安全　　保管员：特认真　　记账：高桂格　　制单：艾志丹

业务22

ICBC 中国工商银行　业务回单（收款）

日期：2×23年12月18日　　回单编号：18008002387

付款人户名：太原市通宝机械公司　　付款人开户行：中国工商银行太原市分行

付款人账号（卡号）：280500004

收款人户名：光明市永春机械公司　　收款人开户行：中国工商银行光明市支行

收款人账号（卡号）：230045006

金额：肆万伍仟元整　　小写：45 000.00元

业务（产品）种类：结算业务凭证　　凭证种类：000000000　　凭证号码：0000000000000000

摘要：预付购货款　　用途：转账　　币种：人民币

交易机构：04100000292　　记账柜员：03741　　交易代码：02108　　渠道：柜面

产品名称　　费用名称

应付金额：45 000.00元　　实付金额：45 000.00元　　收费渠道：其他

本回单为第一次打印，注意重复　　打印日期：2×23年12月18日　　打印柜员：8　　验证码：DA45340EF981

中国工商银行光明市支行 业务专用章（1）

业务提示

业务23-2-1

ICBC 中国工商银行　计收借款利息清单（付款通知）

委托日期2×23年12月21日　　借据号9821201228011501

客户号	3001356088	结算账号	230045006	单位名称	光明市永春机械公司
计息类型	经营周转借款	计息起讫日期	2×23.09.21至2×23.12.20		
正常本金/积数	28 800 000.00	利率	0.7%/月	利息	6 720.00
逾期本金/积数		利率		利息	
欠息/积数		利率		利息	
利息金额合计	人民币（大写）陆仟柒佰贰拾元整		（小写）¥6 720.00		

客户联

中国工商银行光明市支行 2×23年12月21日 转讫

银行盖章：　　复核：1324

业务提示

业务 23-2-2

ICBC 中国工商银行 计付存款利息清单（收账通知）

委托日期 2×23 年 12 月 21 日

客户号	3001356088	结算账号	230045006	单位名称	光明市永春机械公司
计息类型	活期存款	计息起讫日期	2×23.09.21 至 2×23.12.20		
正常本金/积数	49 500 000.00	利率	0.4%/年	利息	550.00
逾期本金/积数		利率		利息	
欠息/积数		利率		利息	
利息金额合计	人民币（大写）伍佰伍拾元整	（小写）¥550.00			

客户联

（印章：中国工商银行光明市支行 2×23年12月21日 转讫）

银行盖章：　　　　复核：1234

业务 24

无法支付应付款项确认单

2×21 年 11 月入账的应付唐山华远钢铁厂的货款 8 868 元，经当地市场监督管理部门确认，该公司已于 1 年前破产清算完毕。因此，该款项已无法支付，经公司董事会讨论决定，将该款项作为营业外收入处理。

情况属实，同意。　　钱一凡

2×23 年 12 月 24 日

财务主管：钱一凡　　制单：刘景明　　记账：高桂格

业务提示

业务 25-4-1

光明市永春机械公司　报账（付款）审批单

部门：办公室　　2×23 年 12 月 24 日

经手人	焦吉华	事由	结算2号生产线安装费
项目名称	金额（元）	付款（结算）方式	备注
2号生产线工程	33 681.00	网银	
合　计	33 681.00		
单位负责人	财务主管	部门领导	出纳员
同意。李永春	同意。钱一凡	同意。赵婉茹	张理财

附单据 2 张

业务提示

业务 25-4-2

电子发票（增值税专用发票）

建筑服务

发票号码：22311000600089562581

开票日期：2×23 年 12 月 24 日

购买方信息	名称：光明市永春机械公司 统一社会信用代码/纳税人识别号： 91310040213456070M		销售方信息	名称：光明市晋源安装公司 统一社会信用代码/纳税人识别号： 91310112784788931A	
项目名称	建筑服务发生地	建筑项目名称	金额	税率/征收率	税额
*建筑服务*安装服务	光明市建设路 68 号	2 号生产线	30 900.00	9%	2 781.00
合　计			¥30 900.00		¥2 781.00
价税合计（大写）	⊗叁万叁仟陆佰捌拾壹元整			（小写）¥33 681.00	
备注	土地增值税项目编号： 跨地（市）标志：				

开票人：张福康

业务 25-4-3

ICBC 中国工商银行　业务回单（付款）

日期：2×23 年 12 月 24 日　　回单编号：18008002689

付款人户名：光明市永春机械公司　　付款人开户行：中国工商银行光明市支行

付款人账号（卡号）：230045006

收款人户名：光明市晋源安装公司　　收款人开户行：中国工商银行光明市支行

收款人账号（卡号）：230051792

金额：叁万叁仟陆佰捌拾壹元整　　小写：33 681.00 元

业务（产品）种类：结算业务凭证　　凭证种类：000000000　　凭证号码：00000000000000000

摘要：支付 2 号生产线安装费　　用途：转账　　币种：人民币

交易机构：04100000292　　记账柜员：03741　　交易代码：02108　　渠道：柜面

产品名称　　费用名称

应付金额：33 681.00 元　　实付金额：33 681.00 元　　收费渠道：其他

本回单为第一次打印，注意重复　　打印日期：2×23 年 12 月 24 日　　打印柜员：8　　验证码：DA45340EF365

业务 25-4-4

固定资产交接（验收）单

2 × 23 年 12 月 24 日　　金额单位：元

编号	名称	规格	型号	计量单位	数量	建造单位		备注
0512	2号生产线		BN69型	台	2	西安市重型机械厂		
总价	买价	安装费	运杂费	包装费	其他	原值	预计年限	净残值率
	600 000	30 900			100 000	730 900	10 年	5%
用途	生产用		使用部门		生产车间		已提折旧	
验收意见		合格，交付使用			验收人签章		陆新华	

财务主管：钱一凡　　制单：刘景明　　复核：高桂格

业务 26

光明市永春机械公司 产品入库单

交库单位：生产车间　　2×23年12月24日　　仓库：成品库　编号：302

产品编号	规格	产品名称	计量单位	数量		单位成本	总成本	备注
				送检	实收			
（略）	（略）	A产品	台	50	50			完工入库
		B产品	台	50	50			

二 财务联

车间主管：高安全　保管员：甄仔细　记账：高桂格　制单：严尧秋

业务提示

业务 27-2-1

电子发票（增值税专用发票）

全国统一发票监制章 国家税务总局 光明市税务局

发票号码：23311000500034001228

开票日期：2×23年12月27日

购买方信息　名称：光明市永春机械公司　统一社会信用代码/纳税人识别号：91310040213456070M

销售方信息　名称：光明市鸿运机械公司　统一社会信用代码/纳税人识别号：91310206315553200A

货款未付

项目名称	规格型号	单位	数量	单价	金额	税率/征收率	税额
*黑色金属压延品*乙材料		千克	400	49.00	19 600.00	13%	2 548.00
*黑色金属压延品*丙材料		千克	300	82.00	24 600.00	13%	3 198.00
合　计					¥44 200.00		¥5 746.00

价税合计（大写）　⊗肆万玖仟玖佰肆拾陆元整　（小写）¥49 946.00

备注：与对方商妥，货款于下月支付。

开票人：刘大科

业务提示

业务 27-2-2

光明市永春机械公司 收料单

供货单位：光明市鸿运机械公司　　2×23年12月27日　　编号：104　仓库：原料库

材料类别	材料编号	名称及规格	计量单位	数量		实际成本（元）			
				应收	实收	发票价格	采购费用	合计	单价
（略）	（略）	乙材料	千克	400	400	19 600		19 600	49.00
		丙材料	千克	300	300	24 600		24 600	82.00
合　计						44 200		44 200	

二 财务联

供销主管：卜发愁　保管员：特认真　记账：高桂格　制单：艾志丹

业务 28-2-1

光明市永春机械公司 产品出库单

仓库：成品库

购买方：昆明市金花机械公司　　2×23年12月27日　　编号：404

产品编号	规格	产品名称	计量单位	数量 应发	数量 实发	单位成本	金额	备注
（略）	（略）	A产品	台	25	25			货物由对方自提
		B产品	台	20	20			

二 财务联

供销主管：卜发愁　保管员：甄仔细　记账：高桂格　制单：严尧秋

业务 28-2-2

电子发票（增值税专用发票）

（印章：全国统一发票监制章 国家税务总局 光明市税务局）

发票号码：23311000050034001214

开票日期：2×23年12月27日

购买方信息	销售方信息
名称：昆明市金花机械公司 统一社会信用代码/纳税人识别号： 91650120314953538A	名称：光明市永春机械公司 统一社会信用代码/纳税人识别号： 91310040213456070M

项目名称	规格型号	单位	数量	单价	金额	税率/征收率	税额
*全数机床*A产品		台	25	6 000.00	150 000.00	13%	19 500.00
*全数机床*B产品		台	20	4 000.00	80 000.00	13%	10 400.00
合计					¥230 000.00		¥29 900.00

价税合计（大写）：⊗贰拾伍万玖仟玖佰元整　（小写）¥259 900.00

备注：对方承诺，货款于下月支付。

（印章：货款未收）

开票人：刘富民

业务 29-2-1

光明市永春机械公司 报账（付款）审批单

部门：供销科　　2×23年12月27日

经手人	鲍巩英	事由	预付购货订金
项目名称	金额（元）	付款（结算）方式	备注
预付账款	40 000.00	网银	预付武汉市远程机械公司购货订金
合计	40 000.00		
单位负责人	财务主管	部门领导	出纳员
同意。李永春	同意。钱一凡	同意。卜发愁	张理财

附单据0张

业务提示

业务 29-2-2

ICBC 中国工商银行　业务回单（付款）

日期：2×23 年 12 月 27 日　　回单编号：18008002880

付款人户名：光明市永春机械公司		付款人开户行：中国工商银行光明市支行
付款人账号（卡号）：230045006		
收款人户名：武汉市远程机械公司		收款人开户行：中国工商银行三环路办事处
收款人账号（卡号）：382246790		
金额：肆万元整		小写：40 000.00 元
业务（产品）种类：结算业务凭证	凭证种类：000000000	凭证号码：00000000000000000
摘要：预付购货订金	用途：转账	币种：人民币
交易机构：04100000292	记账柜员：03741	交易代码：02108　渠道：柜面
产品名称	费用名称	
应付金额：40 000.00 元	实付金额：40 000.00 元	收费渠道：其他
本回单为第一次打印，注意重复	打印日期：2×23 年 12 月 27 日	打印柜员：8　验证码：DA45340EF457

（印章：中国工商银行光明市支行 业务专用章（1））

业务 30

ICBC 中国工商银行　现金支票存根

支票号码 20103121

附加信息

出票日期：2×23 年 12 月 30 日

收 款 人：	光明市永春机械公司
金　额：	7 000.00
用　途：	提现备用

单位主管：李永春　会计：高桂格

（印章：光明市永春……财务专用章）

业务提示

业务 31-2-1

光明市永春机械公司　报账（付款）审批单

部门：办公室　　2×23 年 12 月 30 日

经手人	焦吉华	事由	报销购买印花税票款
项目名称	金额（元）	付款（结算）方式	备注
印花税票	200.00	库存现金	
合　计	200.00		
单位负责人	财务主管	部门领导	出纳员
同意。 李永春	同意。 钱一凡	同意。 赵婉茹	张理财

附单据 1 张

业务提示

业务 31-2-2

中华人民共和国
印花税票销售凭证

(2×23) 30756441
光税印

填发日期：2×23年12月30日

购买单位	光明市永春机械公司			购买人	张理财
购买印花税票					
面值种类	数量	金额	面值种类	数量	金额
壹角票			伍元票	7	35.00
贰角票			拾元票	1	10.00
伍角票			伍拾元票	1	50.00
壹元票	1	1.00	壹佰元票	1	100.00
贰元票	2	4.00	总计	13	200.00
金额合计	人民币（大写）	贰佰元整			
销售单位（盖章）		售票人（章）		备注	

第二联 购买单位记账凭证

（印花税票应贴于账簿扉页的右上角并划斜线注销）

国家税务总局 税收票证监制章；光明市税务分局 票据专用章；刘波冰印；现金付讫

业务 32

借 款 单

2×23年12月30日

借款单位：供销科		
借款理由：参加会议		
借款金额：人民币（大写）陆仟元整		（小写）¥ 6 000.00
本部门负责人意见：同意。 卜发愁	借款人签字：鲍巩英	
会计主管审批：同意。 钱一凡	付款方式：库存现金	出纳：张理财

现金付讫

业务提示

业务 33-4-1

光明市永春机械公司 报账（付款）审批单

部门：办公室

2×23年12月31日

经手人	焦吉华	事由	支付水费
项目名称	金额（元）	付款（结算）方式	备注
水费	2 289.00	网银	
合 计	2 289.00		
单位负责人	财务主管	部门领导	出纳员
同意。 李永春	同意。 钱一凡	同意。 赵婉茹	张理财

附单据 2 张

业务提示

业务 33-4-2

电子发票（增值税专用发票）

全国统一发票监制章 国家税务总局 光明市税务局

发票号码：23311006000034881216

开票日期：2×23年12月31日

购买方信息	名称：光明市永春机械公司 统一社会信用代码/纳税人识别号： 91310040213456070M	销售方信息	名称：光明市供水公司 统一社会信用代码/纳税人识别号： 913106063522232ABE

项目名称	规格型号	单位	数量	单价	金额	税率/征收率	税额
*城市供水*自来水		m^3	420	5.00	2 100.00	9%	189.00
合　计					¥2 100.00		¥189.00
价税合计（大写）	⊗贰仟贰佰捌拾玖元整					（小写）¥2 289.00	
备注							

开票人：商永康

业务 33-4-3

水费分配表

2×23年12月31日

金额单位：元

耗用车间及部门	耗用量（m^3）	单价	分配金额
生产车间	200	5.00	1 000.00
行政管理部门	220	5.00	1 100.00
合　计	420		2 100.00

会计主管：钱一凡　　制单：刘景明　　复核：高桂格

业务 33-4-4

ICBC 中国工商银行　业务回单（付款）

日期：2×23年12月31日　　回单编号：18008003456

付款人户名：光明市永春机械公司		付款人开户行：中国工商银行光明市支行
付款人账号（卡号）：230045006		
收款人户名：光明市供水公司		收款人开户行：中国工商银行临港办事处
收款人账号（卡号）：384567790		
金额：贰仟贰佰捌拾玖元整		小写：2 289.00元
业务（产品）种类：结算业务凭证	凭证种类：000000000	凭证号码：00000000000000000
摘要：支付水费	用途：转账	币种：人民币
交易机构：04100000292	记账柜员：03741	交易代码：02108　渠道：柜面
产品名称	费用名称	
应付金额：2 289.00元	实付金额：2 289.00元	收费渠道：其他
本回单为第一次打印，注意重复	打印日期：2×23年12月31日	打印柜员：8　验证码：DA25460EF543

中国工商银行光明市支行 业务专用章 （1）

业务 34-4-1

光明市永春机械公司 报账（付款）审批单

部门：办公室　　2×23年12月31日

经手人	焦吉华	事由	支付电费
项目名称	金额（元）	付款（结算）方式	备注
电费	29 380.00	网银	
合　计	29 380.00		
单位负责人	财务主管	部门领导	出纳员
同意。李永春	同意。钱一凡	同意。赵婉茹	张理财

附单据 2 张

业务提示

业务 34-4-2

电子发票（增值税专用发票）

全国统一发票监制章 国家税务总局 光明市税务局

发票号码：23311006000034881216

开票日期：2×23年12月31日

购买方信息	名称：光明市永春机械公司 统一社会信用代码/纳税人识别号： 9131004021345607OM	销售方信息	名称：光明市供电公司 统一社会信用代码/纳税人识别号： 913105063522NAH829

项目名称	规格型号	单位	数量	单价	金额	税率/征收率	税额
*城市供电*电		度	32 500	0.80	26 000.00	13%	3 380.00
合　计					¥26 000.00		¥3 380.00
价税合计（大写）	⊗贰万玖仟叁佰捌拾元整					（小写）¥29 380.00	
备注							

开票人：张定国

业务 34-4-3

电费分配表

2×23年12月31日　　金额单位：元

耗用车间及部门	耗用量（度）	单价	分配金额
生产车间	19 375	0.80	15 500.00
行政管理部门	13 125	0.80	10 500.00
合　计	32 500		26 000.00

会计主管：钱一凡　　制单：刘景明　　复核：高桂格

业务 34-4-4

ICBC 中国工商银行　业务回单（付款）

日期：2×23 年 12 月 31 日　　回单编号：18008003498

付款人户名：光明市永春机械公司　　付款人开户行：中国工商银行光明市支行
付款人账号（卡号）：230045006
收款人户名：光明市供电公司　　收款人开户行：中国工商银行南大办事处
收款人账号（卡号）：230030487
金额：贰万玖仟叁佰捌拾元整　　小写：29 380.00 元
业务（产品）种类：结算业务凭证　　凭证种类：000000000　　凭证号码：00000000000000000
摘要：支付电费　　用途：转账　　币种：人民币
交易机构：04100000292　　记账柜员：03741　　交易代码：02108　　渠道：柜面
产品名称　　费用名称
应付金额：29 380.00 元　　实付金额：29 380.00 元　　收费渠道：其他
本回单为第一次打印，注意重复　　打印日期：2×23 年 12 月 31 日　　打印柜员：8　　验证码：DA18960EF587

（印章：中国工商银行光明市支行 业务专用章（1））

业务 35-2-1

ICBC 中国工商银行　收费凭单

交易时间：2×23-12-31　09:26:43
客户名称：光明市永春机械公司
缴费账号：230045006　　序号：
缴费方式：转账　　币种：人民币
实缴金额：100.00

缴费明细

序号	实缴金额	收费种类名称
1	50.00	转账支票工本费
2	50.00	现金支票工本费

交易网点：0725　　交易柜员：d638

（印章：中国工商银行光明市支行 2×23.12.31 业务办讫(03)章）　邵复月

客户交费回单

业务提示

业务 35-2-2

ICBC 中国工商银行　收费凭单

交易时间：2×23-12-31　15:26:43
客户名称：光明市永春机械公司
缴费账号：230045006　　序号：
缴费方式：转账　　币种：人民币
实缴金额：200.00

缴费明细

序号	实缴金额	收费种类名称
1	200.00	网银转账手续费

交易网点：0725　　交易柜员：d638

（印章：中国工商银行光明市支行 2×23.12.31 业务办讫(03)章）　邵复月

客户交费回单

第五章　成本计算与期末经济业务的账务处理

（1）**成本计算**，是指按成本计算对象并分成本项目，进行生产费用的归集和分配，并在此基础上计算产品成本，同时进行相应账务处理，包括：❶材费费用的计算与分配；❷工薪费用的计算与分配；❸固定资产折旧费用的计算与分配；❹制造费用的归集与分配；❺计算并结转完工产品成本。

（2）**期末经济业务**，是指按照应计制的要求，对有关收入和费用进行账项调整，包括：❶已销产品成本的计算与结转；❷有关税费的计算与结转；❸短期借款利息费用的计提与结转；❹为计算本年利润进行损益类账户的结转；❺企业所得税的计算与结转；❻利润分配的计算与结转；❼未分配利润的计算与结转。

（3）**成本计算与期末经济业务处理**，包括：❶根据有关账簿记录填制原始凭证并编制记账凭证；❷根据审核无误的记账凭证登记有关明细账；❸编制第三张“科目汇总表”；❹根据第三张“科目汇总表”登记总分类账；❺对总账和明细账进行结账。

成本计算与期末经济业务的处理，见业务36—业务48所给出的原始凭证。

实操一　成本计算经济业务的自制原始凭证填制及账务处理提示

业务提示

业务36-2-1

原材料加权平均单位成本计算表

2×23年12月31日　　　　金额单位：元

材料名称	期初结存		本期收入		合　计		加权平均单位成本
	数　量	金　额	数　量	金　额	数　量	金　额	
甲材料							
乙材料							
丙材料							
合　计	—		—		—		

会计主管：钱一凡　　　　制单：严尧秋　　　　复核：高桂格

业务36-2-2

发料凭证汇总表

2×23年12月31日　　　　附件____张　　金额单位：元

用途＼材料名称	甲材料		乙材料		丙材料		金额合计
	数　量	金　额	数　量	金　额	数　量	金　额	
A产品生产领用							
B产品生产领用					—		
车间一般耗用			—				
销售部门领用	—		—				
合　计							

会计主管：钱一凡　　　　制单：严尧秋　　　　复核：高桂格

业务 37

应付工资费用分配汇总表

2×23年12月31日　　单位：元

车间或部门		应付职工薪酬				合　计
		基本工资	津　贴	奖　金	其　他	
生产工人	A产品	50 000	26 000	4 800	9 200	90 000
	B产品	40 000	20 000	4 200	5 800	70 000
	小计	90 000	46 000	9 000	15 000	160 000
车间管理人员		6 000	2 000	1 000	1 000	10 000
专设销售机构人员		4 000	2 200	3 400	400	10 000
行政管理人员		12 800	3 400	1 800	1 902	19 902
合　计		112 800	53 600	15 200	18 302	199 902

会计主管：钱一凡　　制单：严尧秋　　复核：高桂格

业务提示

业务 38

固定资产折旧计算汇总表

2×23年12月31日　　金额单位：元

使用部门	固定资产类别	月初固定资产原值	月折旧率	月折旧额
生产车间	房屋及建筑物	1 000 000	0.4%	
	机器设备	4 600 000	0.8%	
	小计	5 600 000		
专设销售机构	房屋及建筑物	400 000	0.2%	
	管理用设备	200 000	0.6%	
	小计	600 000		
企业管理部门	房屋及建筑物	3 000 000	0.2%	
	管理用设备	600 000	0.6%	
	小计	3 600 000		
合　计		9 800 000		

会计主管：钱一凡　　制单：严尧秋　　复核：复核：高桂格

业务提示

业务 39

制造费用分配表

2×23年12月31日　　金额单位：元

车间或产品	分配标准（生产工人工资）	分配率	分配金额
A产品	90 000		
B产品	70 000		
合计	160 000	—	

会计主管：钱一凡　　制单：严尧秋　　复核：高桂格

业务提示

业务 40-4-1

月末在产品定额成本资料表

2×23年12月31日

金额单位：元

在产品名称	计量单位	数量	直接材料		直接人工		制造费用		定额成本合计
			成本定额	定额成本	成本定额	定额成本	成本定额	定额成本	
A产品	台	5							
B产品	台	15							
合　计									

业务提示

业务 40-4-2

产品成本计算单

产品名称：A产品

2×23年12月31日

单位：元

月初在产品 10 台　本月投产 95 台　本月完工 100 台　本月在产品 5 台

摘　要	成本项目			合　计
	直接材料	直接人工	制造费用	
月初在产品定额成本				
本月生产费用				
生产费用合计				
月末在产品定额成本				
本月完工产品成本				
合　计				

会计主管：钱一凡　制单：严尧秋　复核：高桂格

业务 40-4-3

产品成本计算单

产品名称：B产品

2×23年12月31日

单位：元

月初在产品 10 台　本月投产 105 台　本月完工 100 台　本月在产品 15 台

摘　要	成本项目			合　计
	直接材料	直接人工	制造费用	
月初在产品定额成本				
本月生产费用				
生产费用合计				
月末在产品定额成本				
本月完工产品成本				
合　计				

会计主管：钱一凡　制单：严尧秋　复核：高桂格

业务 40-4-4

完工产品成本计算汇总表

2 × 23年12月31日

附件____张

单位：元

产品名称 / 成本项目	A产品（____台）		B产品（____台）	
	总成本	单位成本	总成本	单位成本
直接材料				
直接人工				
制造费用				
生产成本合计				

会计主管：钱一凡　　制单：严尧秋　　复核：高桂格

实操二 期末经济业务的自制原始凭证填制及账务处理提示

业务 41-2-1

库存产品销售加权平均单位成本计算表

2 × 23年12月31日

金额单位：元

材料名称	期初结存		本期收入		合　计		加权平均单位成本
	数　量	金　额	数　量	金　额	数　量	金　额	
A产品							
B产品							
合　计	—		—		—		

会计主管：钱一凡　　制单：严尧秋　　复核：高桂格

业务提示

业务 41-2-2

产品销售成本汇总计算表

2 × 23年12月31日

附件____张

单位：元

商品名称	加权平均单位成本	本期销售数量	本期销售总成本
A产品			
B产品			
合　计			

会计主管：钱一凡　　制单：严尧秋　　复核：高桂格

业务 42

应纳增值税及转出未交增值税计算表

2×23年12月31日　　单位：元

项目	当期销项税额	当期进项税额	当期应纳增值税额	已交增值税	转出未交增值税
	①	②	③=②-①	④	⑤=③-④
金额					

会计主管：钱一凡　　制单：严尧秋　　复核：高桂格

业务提示

业务 43

应纳城建税及教育费附加、地方教育附加计算表

2×23年12月31日　　金额单位：元

项　目	计税依据	税（费）率	应纳税（费）额
城市维护建设税		7%	
教育费附加		3%	
地方教育附加		2%	
合　计			

会计主管：钱一凡　　制单：严尧秋　　复核：高桂格

业务提示

业务 44

银行借款利息计提表

2×23年12月31日　　金额单位：元

借款名称	借款金额	计息月份	借款月利率	借款利息
短期借款——工行光支	400 000	12月	7‰	2 800
利息合计				2 800

会计主管：钱一凡　　制单：严尧秋　　复核：高桂格

业务提示

业务 45

本月损益类账户发生额汇总表

2×23年12月31日　　单位：元

账户名称		结转前发生额	账户名称	结转前发生额
主营业务收入	A产品		税金及附加	
	B产品		销售费用	
营业外收入			管理费用	
主营业务成本	A产品		财务费用	
	B产品		营业外支出	
收入合计			费用合计	

会计主管：钱一凡　　制单：严尧秋　　复核：高桂格

业务提示

业务46-2-1 企业所得税按月（季）度预缴纳税申报表（A类）（简易）

税款所属期间：2×23年12月1日至2×23年12月31日

纳税人识别号：91310040213456070M

纳税人名称：光明市永春机械公司　　　　金额单位：人民币元（列至角分）

预缴方式	☑ 按照实际利润额预缴　　☐ 按照上一纳税年度应纳税所得额平均额预缴	
企业类型	☑ 一般企业　　☐ 跨地区经营汇总纳税企业总机构	
预缴税款计算		
行次	项　目	本年累计金额
1	营业收入	
2	营业成本	
3	利润总额	
4	加：特定业务计算的应纳税所得额	
5	减：不征税收入	
6	减：免税收入、减计收入、所得减免等优惠金额	
7	减：固定资产加速折旧（扣除）调减额	
8	减：弥补以前年度亏损	
9	实际利润额（3+4−5−6−7−8）	
10	税率	25%
11	应纳所得税额（9×10）	
12	减：减免所得税额	
13	减：实际已缴纳所得税额	
14	减：特定业务预缴（征）所得税额	
15	本期应补（退）所得税额（11−12−13−14）	

谨声明：此纳税申报表是根据《中华人民共和国企业所得税法》《中华人民共和国企业所得税法实施条例》以及有关税收政策和国家统一会计制度的规定填报的，是真实的、可靠的、完整的。

法定代表人（签章）：　　2×23年 12月31日

纳税人公章： 会计主管： 填表日期：　2×23年12月31日	代理申报中介机构公章： 经办人： 经办人执业证件号码： 代理申报日期：　　年　月　日	主管税务机关受理专用章： 受理人： 受理日期：　2×23年12月31日

（印章：光明市永春机械公司；李春永印；钱一凡印；光明市税务分局 征税专用章）

国家税务总局监制

注：本表的“营业收入”“营业成本”项目仅填企业发生的主营业务和其他业务，与利润总额计算无关。

业务46-2-2

损益类账户全年累计发生额汇总表

（12月预缴所得税前）

单位：元

账户名称	金　　额	借或贷	账户名称	金　　额	借或贷
主营业务收入		贷	管理费用		借
营业外收入		贷	财务费用		借
主营业务成本		借	营业外支出		借
税金及附加		借	所得税费用		借
销售费用		借	本年利润		贷

会计主管：钱一凡　　制单：严尧秋　　复核：高桂格

业务47

可供分配利润计算及利润分配表

2×23年度

单位：元

项　　目	金　　额	项　　目	金　　额
一、本年度净利润		减：实际分配利润	1 900 000
减：本年度应提取法定盈余公积		其中：港城投资公司（60%）	
二、扣除盈余公积后的本年净利润		海虹机械公司（40%）	
加：年初未分配利润	340 000	四、本年度累计未分配利润	
三、本年度可供分配的净利润			

会计主管：钱一凡　　制单：严尧秋　　复核：高桂格

注：经公司董事会讨论决定，本年度实际分配利润190万元。

业务48

净利润和已分配利润结转及未分配利润计算表

2×23年度

单位：元

结转情况 / 账户名称	结转前余额		实际结转		结转后余额	
	借方	贷方	借方	贷方	借方	贷方
本年利润	—			—	无	无
利润分配——提取法定盈余公积		—	—		无	无
利润分配——应付股利		—	—		无	无
利润分配——未分配股利	—				—	

会计主管：钱一凡　　制单：刘景明　　复核：高桂格

第六章　编制会计报表

编制会计报表，是指根据试算平衡表结合账簿记录编制会计报表，包括：❶编制“总分类账户发生额及余额试算平衡表”；❷编制“资产负债表”；❸编制“利润表”。

编制会计报表的要求包括：❶根据总分类账簿记录编制“总分类账户发生额及余额试算平衡表”；❷根据“总分类账户发生额及余额试算平衡表”的“期末余额”栏数字，参考有关明细账编制“资产负债表”；❸根据“总分类账户发生额及余额试算平衡表”的“本月（或期）发生额”栏数字和“损益类账户1—11月份累计发生额汇总表”，编制12月份的“利润表”。

实操一　编制“总分类账户发生额及余额试算平衡表”

在对总分类账户进行结账并核对无误的基础上，根据各总分类账簿记录（月结金额），编制“总分类账户发生额及余额试算平衡表”。

业务49

总分类账户发生额及余额试算平衡表

2×23年12月

单位：元

行次	会计科目	月初余额		本月发生额		期末余额	
		借方	贷方	借方	贷方	借方	贷方
1	库存现金	9 775					
2	银行存款	1 951 525					
3	应收票据	240 000					
4	应收账款	255 000					
5	预付账款	81 000					
6	其他应收款	8 500					
7	原材料	78 400					
8	库存商品	194 200					
9	固定资产	9 800 000					
10	累计折旧		966 632				
11	在建工程	1 300 000					
12	生产成本	35 000					
13	制造费用						

业务提示

续表

行次	会计科目	月初余额		本月发生额		期末余额	
		借方	贷方	借方	贷方	借方	贷方
14	短期借款		400 000				
15	应付票据		64 000				
16	应付账款		182 868				
17	预收账款		255 500				
18	应付职工薪酬		190 000				
19	应交税费		122 880				
20	应付利息		4 520				
21	应付股利						
22	实收资本		8 500 000				
23	资本公积		177 000				
24	盈余公积		230 000				
25	利润分配		340 000				
26	本年利润		2 520 000				
27	主营业务收入						
28	营业外收入						
29	营业外支出						
30	主营业务成本						
31	税金及附加						
32	销售费用						
33	管理费用						
34	财务费用						
35	所得税费用						
合计		13 953 400	13 953 400				

实操二　编制“资产负债表”

业务提示

业务 50

资产负债表

会企01表

2×23年12月31日

编制单位：（盖章）　　　　　　　　　　　　　　　　　　单位：元

资　产	期末余额	上年年末余额	负债和所有者权益（或股东权益）	期末余额	上年年末余额
流动资产：		（略）	流动负债：		（略）
货币资金			短期借款		
交易性金融资产			交易性金融负债		
衍生金融资产			衍生金融负债		
应收票据			应付票据		
应收账款			应付账款		
预付款项			预收款项		
其他应收款			合同负债		
存货			应付职工薪酬		
合同资产			应交税费		
持有待售资产			其他应付款		
一年内到期的非流动资产			持有待售负债		
其他流动资产			一年内到期的非流动负债		
流动资产合计			其他流动负债		
非流动资产：			流动负债合计		
债权投资			非流动负债：		
其他债权投资			长期借款		
长期债权投资			应付债券		
长期应收款			预计负债		
长期股权投资			其他非流动负债		
其他权益工具投资			非流动负债合计		
其他非流动金融资产			负债合计		
投资性房地产			所有者权益（或股东权益）：		
固定资产			实收资本（或股本）		
在建工程			其他权益工具		
生产性生物资产			资本公积		
油气资产			其他综合收益		
无形资产			盈余公积		
开发支出			未分配利润		
商誉					
其他非流动资产					
非流动资产合计			所有者权益（或股东权益）合计		
资产总计			负债和所有者权益（或股东权益）总计		

实操三 编制“利润表”

业务51

利 润 表

会企02表

编制单位：（盖章） 2×23年12月 单位：元

项 目	本期金额	本年累计金额
一、营业收入		
减：营业成本		
税金及附加		
销售费用		
管理费用		
研发费用		
财务费用		
其中：利息费用		
利息收入		
信用减值损失		
资产减值损失		
加：其他收益		
投资收益（损失以“－”号填列）		
其中：对联营企业和合营企业的投资收益		
公允价值变动收益（损失以“－”号填列）		
资产处置收益（损失以“－”号填列）		
二、营业利润（亏损以“－”号填列）		
加：营业外收入		
减：营业外支出		
三、利润总额（亏损总额以“－”号填列）		
减：所得税费用		
四、净利润（净亏损以“－”号填列）		
（一）持续经营净利润（净亏损以“－”号填列）		
（二）终止经营净利润（净亏损以“－”号填列）		
五、其他综合收益的税后净额		
（一）以后不能重分类进损益的其他综合收益		
（二）以后将重分类进损益的其他综合收益		
六、综合收益总额		
七、每股收益		
（一）基本每股收益		
（二）稀释每股收益		

注：《企业会计准则第16号——政府补助》第十六条规定，企业应当在利润表中的“营业利润”项目之上单独列报“其他收益”项目，计入其他收益的政府补助在该项目中反映。

业务提示

附　录　会计学综合模拟实验用空白记账凭证、账页及封皮

收　款　凭　证

总　号	1
分　号	收1

借方科目 银行存款　　　　2×23 年 12 月 1 日　　　　附件 2 张

摘　要	应贷科目：一级科目	应贷科目：二级及明细科目	过账	亿	千	百	十	万	千	百	十	元	角	分
现销给联华机械公司产品	主营业务收入	A产品					1	2	0	0	0	0	0	0
		B产品						8	0	0	0	0	0	0
	应交税费	应交增值税（销项）						2	6	0	0	0	0	0
合　计						¥	2	2	6	0	0	0	0	0

财会主管　　记账　　出纳　　复核　　制单

收　款　凭　证

总　号	
分　号	

借方科目　　　　年　月　日　　　　附件　张

摘　要	应贷科目：一级科目	应贷科目：二级及明细科目	过账	亿	千	百	十	万	千	百	十	元	角	分
合　计														

财会主管　　记账　　出纳　　复核　　制单

收款凭证

借方科目________　　　　年　　月　　日　　　　附件　　　　张

总号	
分号	

摘要	应贷科目		过账	金额										
	一级科目	二级及明细科目		亿	千	百	十	万	千	百	十	元	角	分
合计														

财会主管　　　　记账　　　　出纳　　　　复核　　　　制单

收款凭证

借方科目________　　　　年　　月　　日　　　　附件　　　　张

总号	
分号	

摘要	应贷科目		过账	金额										
	一级科目	二级及明细科目		亿	千	百	十	万	千	百	十	元	角	分
合计														

财会主管　　　　记账　　　　出纳　　　　复核　　　　制单

收款凭证

总号	
分号	

借方科目________ 年 月 日 附件 张

摘要	应贷科目		过账	金额										
	一级科目	二级及明细科目		亿	千	百	十	万	千	百	十	元	角	分
合计														

财会主管 记账 出纳 复核 制单

收款凭证

总号	
分号	

借方科目________ 年 月 日 附件 张

摘要	应贷科目		过账	金额										
	一级科目	二级及明细科目		亿	千	百	十	万	千	百	十	元	角	分
合计														

财会主管 记账 出纳 复核 制单

收款凭证

总号	
分号	

借方科目＿＿＿＿＿＿　　　年　月　日　　　附件　　张

摘要	应贷科目		过账	金额										
	一级科目	二级及明细科目		亿	千	百	十	万	千	百	十	元	角	分
合计														

财会主管　　记账　　出纳　　复核　　制单

收款凭证

总号	
分号	

借方科目＿＿＿＿＿＿　　　年　月　日　　　附件　　张

摘要	应贷科目		过账	金额										
	一级科目	二级及明细科目		亿	千	百	十	万	千	百	十	元	角	分
合计														

财会主管　　记账　　出纳　　复核　　制单

收款凭证

总号	
分号	

借方科目________　　年　月　日　　附件　　张

摘要	应贷科目		过账	金额										
	一级科目	二级及明细科目		亿	千	百	十	万	千	百	十	元	角	分
合计														

财会主管　　记账　　出纳　　复核　　制单

收款凭证

总号	
分号	

借方科目________　　年　月　日　　附件　　张

摘要	应贷科目		过账	金额										
	一级科目	二级及明细科目		亿	千	百	十	万	千	百	十	元	角	分
合计														

财会主管　　记账　　出纳　　复核　　制单

收款凭证

总号	
分号	

借方科目________　　　年　月　日　　　附件　　张

摘要	应贷科目		过账	金额										
	一级科目	二级及明细科目		亿	千	百	十	万	千	百	十	元	角	分
合计														

财会主管　　记账　　出纳　　复核　　制单

收款凭证

总号	
分号	

借方科目________　　　年　月　日　　　附件　　张

摘要	应贷科目		过账	金额										
	一级科目	二级及明细科目		亿	千	百	十	万	千	百	十	元	角	分
合计														

财会主管　　记账　　出纳　　复核　　制单

付款凭证

总号	2
分号	付1

贷方科目 银行存款　　　　2×23年 12月 1日　　　　附件 4 张

摘要	应借科目		过账	金额										
	一级科目	二级及明细科目		亿	千	百	十	万	千	百	十	元	角	分
现购材料并验收入库	原材料	甲材料						4	8	5	0	0	0	0
		乙材料						3	6	0	0	0	0	0
	应交税费	应交增值税（进项）						1	0	9	8	5	0	0
合计							¥	9	5	4	8	5	0	0

财会主管　　记账　　出纳　　复核　　制单

付款凭证

总号	
分号	

贷方科目　　　　年　月　日　　　　附件　　张

摘要	应借科目		过账	金额										
	一级科目	二级及明细科目		亿	千	百	十	万	千	百	十	元	角	分
合计														

财会主管　　记账　　出纳　　复核　　制单

总号	
分号	

付　款　凭　证

贷方科目＿＿＿＿＿＿　　　　年　　月　　日　　　　附件　　　　张

摘要	应借科目		过账	金额										
	一级科目	二级及明细科目		亿	千	百	十	万	千	百	十	元	角	分
合　计														

财会主管　　　　记账　　　　出纳　　　　复核　　　　制单

总号	
分号	

付　款　凭　证

贷方科目＿＿＿＿＿＿　　　　年　　月　　日　　　　附件　　　　张

摘要	应借科目		过账	金额										
	一级科目	二级及明细科目		亿	千	百	十	万	千	百	十	元	角	分
合　计														

财会主管　　　　记账　　　　出纳　　　　复核　　　　制单

总号	
分号	

付款凭证

贷方科目________　　年　月　日　　附件　张

摘要	应借科目		过账	金额										
	一级科目	二级及明细科目		亿	千	百	十	万	千	百	十	元	角	分
合计														

财会主管　　记账　　出纳　　复核　　制单

总号	
分号	

付款凭证

贷方科目________　　年　月　日　　附件　张

摘要	应借科目		过账	金额										
	一级科目	二级及明细科目		亿	千	百	十	万	千	百	十	元	角	分
合计														

财会主管　　记账　　出纳　　复核　　制单

总号	
分号	

付款凭证

贷方科目＿＿＿＿＿＿　　　　年　　月　　日　　　　附件　　　　张

摘要	应借科目		过账	金额										
	一级科目	二级及明细科目		亿	千	百	十	万	千	百	十	元	角	分
合计														

财会主管　　　　记账　　　　出纳　　　　复核　　　　制单

总号	
分号	

付款凭证

贷方科目＿＿＿＿＿＿　　　　年　　月　　日　　　　附件　　　　张

摘要	应借科目		过账	金额										
	一级科目	二级及明细科目		亿	千	百	十	万	千	百	十	元	角	分
合计														

财会主管　　　　记账　　　　出纳　　　　复核　　　　制单

总号	
分号	

付 款 凭 证

贷方科目＿＿＿＿＿＿　　年　月　日　　附件　　张

摘要	应借科目		过账	金额										
	一级科目	二级及明细科目		亿	千	百	十	万	千	百	十	元	角	分
合计														

财会主管　　记账　　出纳　　复核　　制单

总号	
分号	

付 款 凭 证

贷方科目＿＿＿＿＿＿　　年　月　日　　附件　　张

摘要	应借科目		过账	金额										
	一级科目	二级及明细科目		亿	千	百	十	万	千	百	十	元	角	分
合计														

财会主管　　记账　　出纳　　复核　　制单

总号	
分号	

付款凭证

贷方科目________　　年　月　日　　附件　　张

摘要	应借科目		过账	金额										
	一级科目	二级及明细科目		亿	千	百	十	万	千	百	十	元	角	分
合计														

财会主管　　记账　　出纳　　复核　　制单

总号	
分号	

付款凭证

贷方科目________　　年　月　日　　附件　　张

摘要	应借科目		过账	金额										
	一级科目	二级及明细科目		亿	千	百	十	万	千	百	十	元	角	分
合计														

财会主管　　记账　　出纳　　复核　　制单

总号	
分号	

付 款 凭 证

贷方科目______　　年　月　日　　附件　　张

摘要	应借科目		过账	金额										
	一级科目	二级及明细科目		亿	千	百	十	万	千	百	十	元	角	分
合计														

财会主管　　记账　　出纳　　复核　　制单

总号	
分号	

付 款 凭 证

贷方科目______　　年　月　日　　附件　　张

摘要	应借科目		过账	金额										
	一级科目	二级及明细科目		亿	千	百	十	万	千	百	十	元	角	分
合计														

财会主管　　记账　　出纳　　复核　　制单

付　款　凭　证

总　号	
分　号	

贷方科目________　　　　年　　月　　日　　　　附件　　　　张

摘　要	应借科目		过账	金额										
	一级科目	二级及明细科目		亿	千	百	十	万	千	百	十	元	角	分
合　计														

财会主管　　　记账　　　出纳　　　复核　　　制单

付　款　凭　证

总　号	
分　号	

贷方科目________　　　　年　　月　　日　　　　附件　　　　张

摘　要	应借科目		过账	金额										
	一级科目	二级及明细科目		亿	千	百	十	万	千	百	十	元	角	分
合　计														

财会主管　　　记账　　　出纳　　　复核　　　制单

总号	
分号	

付 款 凭 证

贷方科目________　　　　年　　月　　日　　　　附件　　　　张

摘要	应借科目		过账	金额										
	一级科目	二级及明细科目		亿	千	百	十	万	千	百	十	元	角	分
合计														

财会主管　　　　记账　　　　出纳　　　　复核　　　　制单

总号	
分号	

付 款 凭 证

贷方科目________　　　　年　　月　　日　　　　附件　　　　张

摘要	应借科目		过账	金额										
	一级科目	二级及明细科目		亿	千	百	十	万	千	百	十	元	角	分
合计														

财会主管　　　　记账　　　　出纳　　　　复核　　　　制单

总号	
分号	

付款凭证

贷方科目________　　年　月　日　　附件　　张

摘要	应借科目		过账	金额										
	一级科目	二级及明细科目		亿	千	百	十	万	千	百	十	元	角	分
合计														

财会主管　　记账　　出纳　　复核　　制单

总号	
分号	

付款凭证

贷方科目________　　年　月　日　　附件　　张

摘要	应借科目		过账	金额										
	一级科目	二级及明细科目		亿	千	百	十	万	千	百	十	元	角	分
合计														

财会主管　　记账　　出纳　　复核　　制单

总号	
分号	

付 款 凭 证

贷方科目______　　　　年　月　日　　　　附件　　张

摘要	应借科目		过账	金额										
	一级科目	二级及明细科目		亿	千	百	十	万	千	百	十	元	角	分
合计														

财会主管　　记账　　出纳　　复核　　制单

总号	
分号	

付 款 凭 证

贷方科目______　　　　年　月　日　　　　附件　　张

摘要	应借科目		过账	金额										
	一级科目	二级及明细科目		亿	千	百	十	万	千	百	十	元	角	分
合计														

财会主管　　记账　　出纳　　复核　　制单

付款凭证

总号	
分号	

贷方科目________　　　年　　月　　日　　　附件　　　张

摘要	应借科目		过账	金额										
	一级科目	二级及明细科目		亿	千	百	十	万	千	百	十	元	角	分
合计														

财会主管　　　记账　　　出纳　　　复核　　　制单

付款凭证

总号	
分号	

贷方科目________　　　年　　月　　日　　　附件　　　张

摘要	应借科目		过账	金额										
	一级科目	二级及明细科目		亿	千	百	十	万	千	百	十	元	角	分
合计														

财会主管　　　记账　　　出纳　　　复核　　　制单

科目汇总表

年　　月　　日至　　月　　日

编号：		附件共		张
记账凭证	收款	第　　号至	号共	张
	付款	第　　号至	号共	张
	转账	第　　号至	号共	张

会计科目	本期发生额汇总																				会计科目	本期发生额汇总																			
	借方										贷方											借方										贷方									
	千	百	十	万	千	百	十	元	角	分	千	百	十	万	千	百	十	元	角	分		千	百	十	万	千	百	十	元	角	分	千	百	十	万	千	百	十	元	角	分

财会主管　　　　记账　　　　复核　　　　制表

科 目 汇 总 表

年　　月　　日至　　月　　日

编号：		附件共		张
记账凭证	收款	第　　号至	号共	张
	付款	第　　号至	号共	张
	转账	第　　号至	号共	张

会计科目	本期发生额汇总																				会计科目	本期发生额汇总																			
	借方										贷方											借方										贷方									
	千	百	十	万	千	百	十	元	角	分	千	百	十	万	千	百	十	元	角	分		千	百	十	万	千	百	十	元	角	分	千	百	十	万	千	百	十	元	角	分

财会主管　　　　记账　　　　复核　　　　制表

科目汇总表

年　　月　　日至　　月　　日

编号：			附件共	张
记账凭证	收款	第　　号至	号共	张
	付款	第　　号至	号共	张
	转账	第　　号至	号共	张

会计科目	本期发生额汇总		会计科目	本期发生额汇总	
	借方	贷方		借方	贷方
	千百十万千百十元角分	千百十万千百十元角分		千百十万千百十元角分	千百十万千百十元角分

财会主管　　　　记账　　　　复核　　　　制表

编号：　　　　附件共　　张

记账凭证	收款	第　　号至　　号	共　　张
	付款	第　　号至　　号	共　　张
	转账	第　　号至　　号	共　　张

科　目　汇　总　表

年　　月　　日至　　月　　日

会计科目	本期发生额汇总																				会计科目	本期发生额汇总																			
	借方										贷方											借方										贷方									
	千	百	十	万	千	百	十	元	角	分	千	百	十	万	千	百	十	元	角	分		千	百	十	万	千	百	十	元	角	分	千	百	十	万	千	百	十	元	角	分

财会主管　　　　记账　　　　复核　　　　制表

转 账 凭 证

总号	11
分号	转 1

2×23年 12 月 10 日　　附件 3 张

摘要	一级科目	二级及明细科目	过账	借方金额（千百十万千百十元角分）	贷方金额（千百十万千百十元角分）
冲销预付款购料	原材料	甲材料		5100000	
		乙材料		2400000	
	应交税费	应交增值税（进项）		975000	
	预付账款	远程机械公司			8475000
合计				¥8475000	¥8475000

财会主管　　复核　　记账　　制单

转 账 凭 证

总号	
分号	

年　月　日　　附件　张

摘要	一级科目	二级及明细科目	过账	借方金额（千百十万千百十元角分）	贷方金额（千百十万千百十元角分）
合计					

财会主管　　复核　　记账　　制单

转账凭证

总号	
分号	

年 月 日　　　　附件 张

摘要	一级科目	二级及明细科目	过账	借方金额										贷方金额									
				千	百	十	万	千	百	十	元	角	分	千	百	十	万	千	百	十	元	角	分
合计																							

财会主管　　复核　　记账　　制单

转账凭证

总号	
分号	

年 月 日　　　　附件 张

摘要	一级科目	二级及明细科目	过账	借方金额										贷方金额									
				千	百	十	万	千	百	十	元	角	分	千	百	十	万	千	百	十	元	角	分
合计																							

财会主管　　复核　　记账　　制单

转 账 凭 证

总号	
分号	

年 月 日 附件 张

摘要	一级科目	二级及明细科目	过账	借方金额										贷方金额									
				千	百	十	万	千	百	十	元	角	分	千	百	十	万	千	百	十	元	角	分
合计																							

财会主管 复核 记账 制单

转 账 凭 证

总号	
分号	

年 月 日 附件 张

摘要	一级科目	二级及明细科目	过账	借方金额										贷方金额									
				千	百	十	万	千	百	十	元	角	分	千	百	十	万	千	百	十	元	角	分
合计																							

财会主管 复核 记账 制单

转 账 凭 证

总 号	
分 号	

年 月 日 附件 张

摘 要	一级科目	二级及明细科目	过账	借方金额										贷方金额									
				千	百	十	万	千	百	十	元	角	分	千	百	十	万	千	百	十	元	角	分
合 计																							

财会主管 复核 记账 制单

转 账 凭 证

总 号	
分 号	

年 月 日 附件 张

摘 要	一级科目	二级及明细科目	过账	借方金额										贷方金额									
				千	百	十	万	千	百	十	元	角	分	千	百	十	万	千	百	十	元	角	分
合 计																							

财会主管 复核 记账 制单

转账凭证

总号	
分号	

年　月　日　　　　附件　　张

摘要	一级科目	二级及明细科目	过账	借方金额										贷方金额									
				千	百	十	万	千	百	十	元	角	分	千	百	十	万	千	百	十	元	角	分
合计																							

财会主管　　　　复核　　　　记账　　　　制单

转账凭证

总号	
分号	

年　月　日　　　　附件　　张

摘要	一级科目	二级及明细科目	过账	借方金额										贷方金额									
				千	百	十	万	千	百	十	元	角	分	千	百	十	万	千	百	十	元	角	分
合计																							

财会主管　　　　复核　　　　记账　　　　制单

转 账 凭 证

总 号	
分 号	

年 月 日　　　　附件 张

摘 要	一级科目	二级及明细科目	过账	借方金额										贷方金额									
				千	百	十	万	千	百	十	元	角	分	千	百	十	万	千	百	十	元	角	分
合 计																							

财会主管　　　　复核　　　　记账　　　　制单

转 账 凭 证

总 号	
分 号	

年 月 日　　　　附件 张

摘 要	一级科目	二级及明细科目	过账	借方金额										贷方金额									
				千	百	十	万	千	百	十	元	角	分	千	百	十	万	千	百	十	元	角	分
合 计																							

财会主管　　　　复核　　　　记账　　　　制单

转 账 凭 证

总 号	
分 号	

年 月 日　　　　附件　　张

摘 要	一级科目	二级及明细科目	过账	借方金额										贷方金额									
				千	百	十	万	千	百	十	元	角	分	千	百	十	万	千	百	十	元	角	分
合 计																							

财会主管　　复核　　记账　　制单

转 账 凭 证

总 号	
分 号	

年 月 日　　　　附件　　张

摘 要	一级科目	二级及明细科目	过账	借方金额										贷方金额									
				千	百	十	万	千	百	十	元	角	分	千	百	十	万	千	百	十	元	角	分
合 计																							

财会主管　　复核　　记账　　制单

转 账 凭 证

总 号	
分 号	

年 月 日　　　　附件　　张

摘 要	一级科目	二级及明细科目	过账	借方金额										贷方金额									
				千	百	十	万	千	百	十	元	角	分	千	百	十	万	千	百	十	元	角	分
合 计																							

财会主管　　复核　　记账　　制单

转 账 凭 证

总 号	
分 号	

年 月 日　　　　附件　　张

摘 要	一级科目	二级及明细科目	过账	借方金额										贷方金额									
				千	百	十	万	千	百	十	元	角	分	千	百	十	万	千	百	十	元	角	分
合 计																							

财会主管　　复核　　记账　　制单

转账凭证

总号	
分号	

年　月　日　　　　附件　　张

摘要	一级科目	二级及明细科目	过账	借方金额										贷方金额									
				千	百	十	万	千	百	十	元	角	分	千	百	十	万	千	百	十	元	角	分
合计																							

财会主管　　复核　　记账　　制单

转账凭证

总号	
分号	

年　月　日　　　　附件　　张

摘要	一级科目	二级及明细科目	过账	借方金额										贷方金额									
				千	百	十	万	千	百	十	元	角	分	千	百	十	万	千	百	十	元	角	分
合计																							

财会主管　　复核　　记账　　制单

转 账 凭 证

总 号	
分 号	

年 月 日　　　　附件　　张

摘 要	一级科目	二级及明细科目	过账	借方金额										贷方金额									
				千	百	十	万	千	百	十	元	角	分	千	百	十	万	千	百	十	元	角	分
合 计																							

财会主管　　复核　　记账　　制单

转 账 凭 证

总 号	
分 号	

年 月 日　　　　附件　　张

摘 要	一级科目	二级及明细科目	过账	借方金额										贷方金额									
				千	百	十	万	千	百	十	元	角	分	千	百	十	万	千	百	十	元	角	分
合 计																							

财会主管　　复核　　记账　　制单

转 账 凭 证

总号	
分号	

年 月 日　　　　附件　　张

摘要	一级科目	二级及明细科目	过账	借方金额										贷方金额									
				千	百	十	万	千	百	十	元	角	分	千	百	十	万	千	百	十	元	角	分
合计																							

财会主管　　复核　　记账　　制单

转 账 凭 证

总号	
分号	

年 月 日　　　　附件　　张

摘要	一级科目	二级及明细科目	过账	借方金额										贷方金额									
				千	百	十	万	千	百	十	元	角	分	千	百	十	万	千	百	十	元	角	分
合计																							

财会主管　　复核　　记账　　制单

转　账　凭　证

总　号	
分　号	

年　　月　　日　　　　附件　　　　张

摘　要	一级科目	二级及明细科目	过账	借方金额										贷方金额									
				千	百	十	万	千	百	十	元	角	分	千	百	十	万	千	百	十	元	角	分
合　计																							

财会主管　　　　复核　　　　记账　　　　制单

转　账　凭　证

总　号	
分　号	

年　　月　　日　　　　附件　　　　张

摘　要	一级科目	二级及明细科目	过账	借方金额										贷方金额									
				千	百	十	万	千	百	十	元	角	分	千	百	十	万	千	百	十	元	角	分
合　计																							

财会主管　　　　复核　　　　记账　　　　制单

转　账　凭　证

总　号	
分　号	

年　　月　　日　　　　附件　　　张

摘　　要	一级科目	二级及明细科目	过账	借方金额										贷方金额									
				千	百	十	万	千	百	十	元	角	分	千	百	十	万	千	百	十	元	角	分
合　　计																							

财会主管　　　　复核　　　　记账　　　　制单

转　账　凭　证

总　号	
分　号	

年　　月　　日　　　　附件　　　张

摘　　要	一级科目	二级及明细科目	过账	借方金额										贷方金额									
				千	百	十	万	千	百	十	元	角	分	千	百	十	万	千	百	十	元	角	分
合　　计																							

财会主管　　　　复核　　　　记账　　　　制单

转 账 凭 证

总 号	
分 号	

年　　月　　日　　　　附件　　　张

摘　要	一级科目	二级及明细科目	过账	借方金额										贷方金额									
				千	百	十	万	千	百	十	元	角	分	千	百	十	万	千	百	十	元	角	分
合　计																							

财会主管　　　　复核　　　　记账　　　　制单

转 账 凭 证

总 号	
分 号	

年　　月　　日　　　　附件　　　张

摘　要	一级科目	二级及明细科目	过账	借方金额										贷方金额									
				千	百	十	万	千	百	十	元	角	分	千	百	十	万	千	百	十	元	角	分
合　计																							

财会主管　　　　复核　　　　记账　　　　制单

转 账 凭 证

总　号	
分　号	

年　　月　　日　　　　附件　　　　张

摘　要	一级科目	二级及明细科目	过账	借方金额										贷方金额									
				千	百	十	万	千	百	十	元	角	分	千	百	十	万	千	百	十	元	角	分
合　计																							

财会主管　　　　复核　　　　记账　　　　制单

转 账 凭 证

总　号	
分　号	

年　　月　　日　　　　附件　　　　张

摘　要	一级科目	二级及明细科目	过账	借方金额										贷方金额									
				千	百	十	万	千	百	十	元	角	分	千	百	十	万	千	百	十	元	角	分
合　计																							

财会主管　　　　复核　　　　记账　　　　制单

转 账 凭 证

总号	
分号	

年 月 日　　　　附件　　张

摘要	一级科目	二级及明细科目	过账	借方金额										贷方金额									
				千	百	十	万	千	百	十	元	角	分	千	百	十	万	千	百	十	元	角	分
合计																							

财会主管　　复核　　记账　　制单

转 账 凭 证

总号	
分号	

年 月 日　　　　附件　　张

摘要	一级科目	二级及明细科目	过账	借方金额										贷方金额									
				千	百	十	万	千	百	十	元	角	分	千	百	十	万	千	百	十	元	角	分
合计																							

财会主管　　复核　　记账　　制单

账簿启用及接交表

单位名称		公　章
账簿名称	库存现金日记账、银行存款日记账　　（第　　册）	光明市永春机械公司 财务专用章
账簿编号		
账簿页数	本账簿共计　100　页　（本账簿页数 检点人盖章　　　　）	
启用日期	公元　　　　年　　　　月　　　　日	

经管人员	单位主管		财务主管		复　核		记　账	
	姓　名	盖章	姓　名	盖章	姓　名	盖章	姓　名	盖章

接交记录	经管人员		接　管				交　出			
	职　别	姓　名	年	月	日	盖章	年	月	日	盖章

备注	

库存现金日记账

2×23年		凭证字号	摘要	对方科目	✓	收入（借方）金额										付出（贷方）金额										结余金额									
月	日					千	百	十	万	千	百	十	元	角	分	千	百	十	万	千	百	十	元	角	分	千	百	十	万	千	百	十	元	角	分
11	29		承前页							8	7	9	0	0	0				1	2	3	5	0	0	0					9	5	6	9	0	0
	30	收13	报销差旅费交回余款	其他应收款							4	5	6	0	0														1	0	0	2	5	0	0
	30	付21	现金报销办公费	管理费用																	2	5	0	0	0					9	7	7	5	0	0
11	30		本月合计							9	2	4	6	0	0				1	2	6	0	0	0	0					9	7	7	5	0	0

库存现金日记账

年		凭证字号	摘要	对方科目	✓	收入（借方）金额										付出（贷方）金额										结余金额									
月	日					千	百	十	万	千	百	十	元	角	分	千	百	十	万	千	百	十	元	角	分	千	百	十	万	千	百	十	元	角	分

库存现金日记账

年		凭证字号	摘要	对方科目	✓	收入（借方）金额										付出（贷方）金额										结余金额									
月	日					千	百	十	万	千	百	十	元	角	分	千	百	十	万	千	百	十	元	角	分	千	百	十	万	千	百	十	元	角	分

库存现金日记账

年		凭证字号	摘要	对方科目	✓	收入（借方）金额										付出（贷方）金额										结余金额									
月	日					千	百	十	万	千	百	十	元	角	分	千	百	十	万	千	百	十	元	角	分	千	百	十	万	千	百	十	元	角	分

银行存款日记账

2×23年 月	日	凭证字号	摘要	对方科目	收入（借方）金额 千百十万千百十元角分	付出（贷方）金额 千百十万千百十元角分	结余金额 千百十万千百十元角分
11			承前页		88900000	79760000	195620500
	29	付25	报销修理费	管理费用		2088000	
	30	收14	收回高斯公司前欠货款	应收账款	1620000		
			本日合计		3587000	3896000	195152500
11	30		本月合计		90520000	81848000	195152500

银行存款日记账

年		凭证字号	摘要	对方科目	收入（借方）金额										付出（贷方）金额										结余金额									
月	日				千	百	十	万	千	百	十	元	角	分	千	百	十	万	千	百	十	元	角	分	千	百	十	万	千	百	十	元	角	分

银行存款日记账

年		凭证字号	摘要	对方科目	收入（借方）金额										付出（贷方）金额										结余金额									
月	日				千	百	十	万	千	百	十	元	角	分	千	百	十	万	千	百	十	元	角	分	千	百	十	万	千	百	十	元	角	分

银行存款日记账

年		凭证字号	摘要	对方科目	收入（借方）金额										付出（贷方）金额										结余金额									
月	日				千	百	十	万	千	百	十	元	角	分	千	百	十	万	千	百	十	元	角	分	千	百	十	万	千	百	十	元	角	分

账簿启用及接交表

单位名称		公章
账簿名称	总分类账簿 （第　　册）	
账簿编号		
账簿页数	本账簿共计 100 页 （本账簿页数检点人盖章　　）	
启用日期	公元　　年　　月　　日	

经管人员	单位主管		财务主管		复核		记账	
	姓名	盖章	姓名	盖章	姓名	盖章	姓名	盖章

接交记录	经管人员		接管				交出			
	职别	姓名	年	月	日	盖章	年	月	日	盖章

备注	

目录

库存现金　　总账

2×23年 月	日	凭证字号	摘要	日页	借方金额	贷方金额	借或贷	余额
12	1		月初余额				借	9775.00
	15	科汇1号	1日—15日发生额		638.00	6611.00		
	31	科汇2号	16日—31日发生额		7000.00	6200.00		
	31		月结		7638.00	12811.00	借	4602.00
	31		结转下年				借	4602.00

总账

年 月	日	凭证字号	摘要	日页	借方金额	贷方金额	借或贷	余额

总账

年		凭证字号	摘要	日页	借方金额											贷方金额											借或贷	余额										
月	日				亿	千	百	十	万	千	百	十	元	角	分	亿	千	百	十	万	千	百	十	元	角	分		亿	千	百	十	万	千	百	十	元	角	分

总账

年		凭证字号	摘要	日页	借方金额											贷方金额											借或贷	余额										
月	日				亿	千	百	十	万	千	百	十	元	角	分	亿	千	百	十	万	千	百	十	元	角	分		亿	千	百	十	万	千	百	十	元	角	分

总账

第 10 页

年		凭证字号	摘要	日页	借方金额											贷方金额											借或贷	余额										
月	日				亿	千	百	十	万	千	百	十	元	角	分	亿	千	百	十	万	千	百	十	元	角	分		亿	千	百	十	万	千	百	十	元	角	分

总账

第 12 页

年		凭证字号	摘要	日页	借方金额											贷方金额											借或贷	余额										
月	日				亿	千	百	十	万	千	百	十	元	角	分	亿	千	百	十	万	千	百	十	元	角	分		亿	千	百	十	万	千	百	十	元	角	分

总账

年		凭证字号	摘要	日页	借方金额											贷方金额											借或贷	余额										
月	日				亿	千	百	十	万	千	百	十	元	角	分	亿	千	百	十	万	千	百	十	元	角	分		亿	千	百	十	万	千	百	十	元	角	分

总账

年		凭证字号	摘要	日页	借方金额											贷方金额											借或贷	余额										
月	日				亿	千	百	十	万	千	百	十	元	角	分	亿	千	百	十	万	千	百	十	元	角	分		亿	千	百	十	万	千	百	十	元	角	分

总账

第 18 页

年		凭证字号	摘要	日页	借方金额											贷方金额											借或贷	余额										
月	日				亿	千	百	十	万	千	百	十	元	角	分	亿	千	百	十	万	千	百	十	元	角	分		亿	千	百	十	万	千	百	十	元	角	分

总账

第 20 页

年		凭证字号	摘要	日页	借方金额											贷方金额											借或贷	余额										
月	日				亿	千	百	十	万	千	百	十	元	角	分	亿	千	百	十	万	千	百	十	元	角	分		亿	千	百	十	万	千	百	十	元	角	分

总账

年		凭证字号	摘要	日页	借方金额											贷方金额											借或贷	余额										
月	日				亿	千	百	十	万	千	百	十	元	角	分	亿	千	百	十	万	千	百	十	元	角	分		亿	千	百	十	万	千	百	十	元	角	分

总账

年		凭证字号	摘要	日页	借方金额											贷方金额											借或贷	余额										
月	日				亿	千	百	十	万	千	百	十	元	角	分	亿	千	百	十	万	千	百	十	元	角	分		亿	千	百	十	万	千	百	十	元	角	分

总账

第 29 页

年		凭证字号	摘要	日页	借方金额											贷方金额											借或贷	余额										
月	日				亿	千	百	十	万	千	百	十	元	角	分	亿	千	百	十	万	千	百	十	元	角	分		亿	千	百	十	万	千	百	十	元	角	分

总账

第 32 页

年		凭证字号	摘要	日页	借方金额											贷方金额											借或贷	余额										
月	日				亿	千	百	十	万	千	百	十	元	角	分	亿	千	百	十	万	千	百	十	元	角	分		亿	千	百	十	万	千	百	十	元	角	分

总账

第 35 页

年		凭证字号	摘要	日页	借方金额											贷方金额											借或贷	余额										
月	日				亿	千	百	十	万	千	百	十	元	角	分	亿	千	百	十	万	千	百	十	元	角	分		亿	千	百	十	万	千	百	十	元	角	分

总账

第 38 页

年		凭证字号	摘要	日页	借方金额											贷方金额											借或贷	余额										
月	日				亿	千	百	十	万	千	百	十	元	角	分	亿	千	百	十	万	千	百	十	元	角	分		亿	千	百	十	万	千	百	十	元	角	分

总账

年		凭证字号	摘要	日页	借方金额											贷方金额											借或贷	余额										
月	日				亿	千	百	十	万	千	百	十	元	角	分	亿	千	百	十	万	千	百	十	元	角	分		亿	千	百	十	万	千	百	十	元	角	分

总账

年		凭证字号	摘要	日页	借方金额											贷方金额											借或贷	余额										
月	日				亿	千	百	十	万	千	百	十	元	角	分	亿	千	百	十	万	千	百	十	元	角	分		亿	千	百	十	万	千	百	十	元	角	分

总账

年		凭证字号	摘要	日页	借方金额											贷方金额											借或贷	余额										
月	日				亿	千	百	十	万	千	百	十	元	角	分	亿	千	百	十	万	千	百	十	元	角	分		亿	千	百	十	万	千	百	十	元	角	分

总账

年		凭证字号	摘要	日页	借方金额											贷方金额											借或贷	余额										
月	日				亿	千	百	十	万	千	百	十	元	角	分	亿	千	百	十	万	千	百	十	元	角	分		亿	千	百	十	万	千	百	十	元	角	分

总账

第 54 页

年		凭证字号	摘要	日页	借方金额											贷方金额											借或贷	余额										
月	日				亿	千	百	十	万	千	百	十	元	角	分	亿	千	百	十	万	千	百	十	元	角	分		亿	千	百	十	万	千	百	十	元	角	分

总账

第 58 页

年		凭证字号	摘要	日页	借方金额											贷方金额											借或贷	余额										
月	日				亿	千	百	十	万	千	百	十	元	角	分	亿	千	百	十	万	千	百	十	元	角	分		亿	千	百	十	万	千	百	十	元	角	分

总账

第 62 页

年		凭证字号	摘要	日页	借方金额											贷方金额											借或贷	余额										
月	日				亿	千	百	十	万	千	百	十	元	角	分	亿	千	百	十	万	千	百	十	元	角	分		亿	千	百	十	万	千	百	十	元	角	分

总账

第 66 页

年		凭证字号	摘要	日页	借方金额											贷方金额											借或贷	余额										
月	日				亿	千	百	十	万	千	百	十	元	角	分	亿	千	百	十	万	千	百	十	元	角	分		亿	千	百	十	万	千	百	十	元	角	分

总账

年		凭证字号	摘要	日页	借方金额											贷方金额											借或贷	余额										
月	日				亿	千	百	十	万	千	百	十	元	角	分	亿	千	百	十	万	千	百	十	元	角	分		亿	千	百	十	万	千	百	十	元	角	分

总账

年		凭证字号	摘要	日页	借方金额											贷方金额											借或贷	余额										
月	日				亿	千	百	十	万	千	百	十	元	角	分	亿	千	百	十	万	千	百	十	元	角	分		亿	千	百	十	万	千	百	十	元	角	分

总账

年		凭证字号	摘要	日页	借方金额											贷方金额											借或贷	余额										
月	日				亿	千	百	十	万	千	百	十	元	角	分	亿	千	百	十	万	千	百	十	元	角	分		亿	千	百	十	万	千	百	十	元	角	分

总账

年		凭证字号	摘要	日页	借方金额											贷方金额											借或贷	余额										
月	日				亿	千	百	十	万	千	百	十	元	角	分	亿	千	百	十	万	千	百	十	元	角	分		亿	千	百	十	万	千	百	十	元	角	分

总账

第 86 页

年		凭证字号	摘要	日页	借方金额	贷方金额	借或贷	余额
月	日				亿千百十万千百十元角分	亿千百十万千百十元角分		亿千百十万千百十元角分

总账

第 90 页

年		凭证字号	摘要	日页	借方金额	贷方金额	借或贷	余额
月	日				亿千百十万千百十元角分	亿千百十万千百十元角分		亿千百十万千百十元角分

总账

年		凭证字号	摘要	日页	借方金额											贷方金额											借或贷	余额										
月	日				亿	千	百	十	万	千	百	十	元	角	分	亿	千	百	十	万	千	百	十	元	角	分		亿	千	百	十	万	千	百	十	元	角	分

总账

年		凭证字号	摘要	日页	借方金额											贷方金额											借或贷	余额										
月	日				亿	千	百	十	万	千	百	十	元	角	分	亿	千	百	十	万	千	百	十	元	角	分		亿	千	百	十	万	千	百	十	元	角	分

总账

第 93 页

年		凭证字号	摘要	日页	借方金额											贷方金额											借或贷	余额										
月	日				亿	千	百	十	万	千	百	十	元	角	分	亿	千	百	十	万	千	百	十	元	角	分		亿	千	百	十	万	千	百	十	元	角	分

总账

第 94 页

年		凭证字号	摘要	日页	借方金额											贷方金额											借或贷	余额										
月	日				亿	千	百	十	万	千	百	十	元	角	分	亿	千	百	十	万	千	百	十	元	角	分		亿	千	百	十	万	千	百	十	元	角	分

总账

年		凭证字号	摘要	日页	借方金额											贷方金额											借或贷	余额										
月	日				亿	千	百	十	万	千	百	十	元	角	分	亿	千	百	十	万	千	百	十	元	角	分		亿	千	百	十	万	千	百	十	元	角	分

总账

年		凭证字号	摘要	日页	借方金额											贷方金额											借或贷	余额										
月	日				亿	千	百	十	万	千	百	十	元	角	分	亿	千	百	十	万	千	百	十	元	角	分		亿	千	百	十	万	千	百	十	元	角	分

总账

第 97 页

年		凭证字号	摘要	日页	借方金额											贷方金额											借或贷	余额										
月	日				亿	千	百	十	万	千	百	十	元	角	分	亿	千	百	十	万	千	百	十	元	角	分		亿	千	百	十	万	千	百	十	元	角	分

总账

第 98 页

年		凭证字号	摘要	日页	借方金额											贷方金额											借或贷	余额										
月	日				亿	千	百	十	万	千	百	十	元	角	分	亿	千	百	十	万	千	百	十	元	角	分		亿	千	百	十	万	千	百	十	元	角	分

总账

第 99 页

年		凭证字号	摘要	日页	借方金额											贷方金额											借或贷	余额										
月	日				亿	千	百	十	万	千	百	十	元	角	分	亿	千	百	十	万	千	百	十	元	角	分		亿	千	百	十	万	千	百	十	元	角	分

总账

第 100 页

年		凭证字号	摘要	日页	借方金额											贷方金额											借或贷	余额										
月	日				亿	千	百	十	万	千	百	十	元	角	分	亿	千	百	十	万	千	百	十	元	角	分		亿	千	百	十	万	千	百	十	元	角	分

账簿启用及接交表

单位名称		公　章
账簿名称	明细分类账　　（第　　册）	光明市永春机械公司 ★ 财务专用章
账簿编号		
账簿页数	本账簿共计 200 页　（本账簿页数 检点人盖章　　）	
启用日期	公元　　年　　月　　日	

经管人员	单位主管		财务主管		复　核		记　账	
	姓　名	盖章	姓　名	盖章	姓　名	盖章	姓　名	盖章

接交记录	经管人员		接管				交出			
	职　别	姓　名	年	月	日	盖章	年	月	日	盖章

备注	

目　录

应收票据 明细账

二级科目编号及名称 明远机械公司

总第 3 页 分第 页

2×23年 月	日	凭证字号	摘要	对方科目	借方金额	贷方金额	借或贷	余额
12	1		月初余额				借	24000000
	10	收3	收到托收的商业汇票款	银行存款		24000000	平	0
	18	转6	商业汇票销售	主营业务收入	41810000		借	41810000
			结转下年				借	41810000

应收账款 明细账

级科目编号及名称

总第 6 页 分第 页

年 月	日	凭证字号	摘要	对方科目	借方金额	贷方金额	借或贷	余额

级科目编号及名称

应收账款　　明细账

总第 9 页　分第　页

年		凭证字号	摘要	对方科目	借方金额											贷方金额											借或贷	余额										
月	日				亿	千	百	十	万	千	百	十	元	角	分	亿	千	百	十	万	千	百	十	元	角	分		亿	千	百	十	万	千	百	十	元	角	分

级科目编号及名称

预付账款　　明细账

总第 12 页　分第　页

年		凭证字号	摘要	对方科目	借方金额											贷方金额											借或贷	余额										
月	日				亿	千	百	十	万	千	百	十	元	角	分	亿	千	百	十	万	千	百	十	元	角	分		亿	千	百	十	万	千	百	十	元	角	分

级科目编号及名称

预付账款 明细账

总第 15 页 分第 页

年		凭证字号	摘要	对方科目	借方金额											贷方金额											借或贷	余额										
月	日				亿	千	百	十	万	千	百	十	元	角	分	亿	千	百	十	万	千	百	十	元	角	分		亿	千	百	十	万	千	百	十	元	角	分

级科目编号及名称

其他应收款 明细账

总第 18 页 分第 页

年		凭证字号	摘要	对方科目	借方金额											贷方金额											借或贷	余额										
月	日				亿	千	百	十	万	千	百	十	元	角	分	亿	千	百	十	万	千	百	十	元	角	分		亿	千	百	十	万	千	百	十	元	角	分

原材料　明细账

总页 33　分页

存储地点　最高存量　最低存量　计量单位　货名

年		凭证字号	摘要	收入（借方）			发出（贷方）			结存		
月	日			数量	单价	金额 千百十万千百十元角分	数量	单价	金额 千百十万千百十元角分	数量	单价	金额 千百十万千百十元角分

财会主管

复核

记账

原材料 明细账

总页 36 分页

存储地点 最高存量 最低存量 计量单位 货名

年		凭证字号	摘要	收入（借方）			发出（贷方）			结存		
月	日			数量	单价	金额 千百十万千百十元角分	数量	单价	金额 千百十万千百十元角分	数量	单价	金额 千百十万千百十元角分

财会主管

复核

记账

原材料　明细账

总页 39　分页

存储地点　最高存量　最低存量　计量单位　货名

年		凭证字号	摘要	收入（借方）			发出（贷方）			结存		
月	日			数量	单价	金额 千百十万千百十元角分	数量	单价	金额 千百十万千百十元角分	数量	单价	金额 千百十万千百十元角分

财会主管

复核

记账

库存商品　　　　明细账

总页 42　　分页

存储地点　　最高存量　　最低存量　　计量单位　　货名

年		凭证字号	摘要	收入（借方）												发出（贷方）												结存											
月	日			数量	单价	金额										数量	单价	金额										数量	单价	金额									
						千	百	十	万	千	百	十	元	角	分			千	百	十	万	千	百	十	元	角	分			千	百	十	万	千	百	十	元	角	分

财会主管

复核

记账

库存商品 明细账

总页 45 分页

存储地点 最高存量 最低存量 计量单位 货名

年		凭证字号	摘要	收入（借方）			发出（贷方）			结存		
月	日			数量	单价	金额 千 百 十 万 千 百 十 元 角 分	数量	单价	金额 千 百 十 万 千 百 十 元 角 分	数量	单价	金额 千 百 十 万 千 百 十 元 角 分

财会主管

复核

记账

固定资产　　明细账

级科目编号及名称

总第 48 页　分第　页

年		凭证字号	摘要	对方科目	借方金额											贷方金额											借或贷	余额										
月	日				亿	千	百	十	万	千	百	十	元	角	分	亿	千	百	十	万	千	百	十	元	角	分		亿	千	百	十	万	千	百	十	元	角	分

固定资产　　明细账

级科目编号及名称

总第 51 页　分第　页

年		凭证字号	摘要	对方科目	借方金额											贷方金额											借或贷	余额										
月	日				亿	千	百	十	万	千	百	十	元	角	分	亿	千	百	十	万	千	百	十	元	角	分		亿	千	百	十	万	千	百	十	元	角	分

级科目编号及名称

在建工程　　明细账

总第 54 页　分第 页

年		凭证字号	摘要	对方科目	借方金额											贷方金额											借或贷	余额										
月	日				亿	千	百	十	万	千	百	十	元	角	分	亿	千	百	十	万	千	百	十	元	角	分		亿	千	百	十	万	千	百	十	元	角	分

级科目编号及名称

在建工程　　明细账

总第 57 页　分第 页

年		凭证字号	摘要	对方科目	借方金额											贷方金额											借或贷	余额										
月	日				亿	千	百	十	万	千	百	十	元	角	分	亿	千	百	十	万	千	百	十	元	角	分		亿	千	百	十	万	千	百	十	元	角	分

级科目编号及名称

短期借款明细账

总第 60 页 分第 页

年		凭证字号	摘要	对方科目	借方金额											贷方金额											借或贷	余额										
月	日				亿	千	百	十	万	千	百	十	元	角	分	亿	千	百	十	万	千	百	十	元	角	分		亿	千	百	十	万	千	百	十	元	角	分

级科目编号及名称

应付票据明细账

总第 63 页 分第 页

年		凭证字号		对方科目	借方金额											贷方金额											借或贷	余额										
月	日				亿	千	百	十	万	千	百	十	元	角	分	亿	千	百	十	万	千	百	十	元	角	分		亿	千	百	十	万	千	百	十	元	角	分

级科目编号及名称 ____________

应付账款 明细账

总第 66 页 分第 ______ 页

年		凭证字号	摘要	对方科目	借方金额											贷方金额											借或贷	余额										
月	日				亿	千	百	十	万	千	百	十	元	角	分	亿	千	百	十	万	千	百	十	元	角	分		亿	千	百	十	万	千	百	十	元	角	分

级科目编号及名称 ____________

应付账款 明细账

总第 69 页 分第 ______ 页

年		凭证字号	摘要	对方科目	借方金额											贷方金额											借或贷	余额										
月	日				亿	千	百	十	万	千	百	十	元	角	分	亿	千	百	十	万	千	百	十	元	角	分		亿	千	百	十	万	千	百	十	元	角	分

应付账款 明细账

级科目编号及名称

总第 72 页 分第 页

年		凭证字号	摘要	对方科目	借方金额											贷方金额											借或贷	余额										
月	日				亿	千	百	十	万	千	百	十	元	角	分	亿	千	百	十	万	千	百	十	元	角	分		亿	千	百	十	万	千	百	十	元	角	分

预收账款 明细账

级科目编号及名称

总第 75 页 分第 页

年		凭证字号	摘要	对方科目	借方金额											贷方金额											借或贷	余额										
月	日				亿	千	百	十	万	千	百	十	元	角	分	亿	千	百	十	万	千	百	十	元	角	分		亿	千	百	十	万	千	百	十	元	角	分

____级科目编号及名称 ____

预收账款 明细账

总第 78 页 分第 ____ 页

年		凭证字号	摘要	对方科目	借方金额											贷方金额											借或贷	余额										
月	日				亿	千	百	十	万	千	百	十	元	角	分	亿	千	百	十	万	千	百	十	元	角	分		亿	千	百	十	万	千	百	十	元	角	分

____级科目编号及名称 ____

应付职工薪酬 明细账

总第 81 页 分第 ____ 页

年		凭证字号	摘要	对方科目	借方金额											贷方金额											借或贷	余额										
月	日				亿	千	百	十	万	千	百	十	元	角	分	亿	千	百	十	万	千	百	十	元	角	分		亿	千	百	十	万	千	百	十	元	角	分

应付职工薪酬 明细账

级科目编号及名称　　　　总第 84 页　分第　　页

年		凭证字号	摘要	对方科目	借方金额	贷方金额	借或贷	余额
月	日				亿千百十万千百十元角分	亿千百十万千百十元角分		亿千百十万千百十元角分

应交税费 明细账

二级科目编号及名称 未交增值税　　　　总第 87 页　分第　　页

年		凭证字号	摘要	对方科目	借方金额	贷方金额	借或贷	余额
月	日				亿千百十万千百十元角分	亿千百十万千百十元角分		亿千百十万千百十元角分

应交税费——应交增值税　　明细账

总第 90 页　分第　　页

年		凭证字号	摘要	借方发生额				贷方发生额			借或贷	余额
月	日			进项税额	已交税金	转出未交增值税	合计	销项税额	转出多交增值税	合计		

应交税费——应交增值税 明细账

总第 93 页 分第 页

年		凭证字号	摘要	借方发生额				贷方发生额			借或贷	余额
月	日			进项税额	已交税金	转出未交增值税	合计	销项税额	转出多交增值税	合计		

级科目编号及名称　　　　**应交税费　　　明细账**　　　　总第 96 页　分第　页

年		凭证字号	摘要	对方科目	借方金额											贷方金额											借或贷	余额										
月	日				亿	千	百	十	万	千	百	十	元	角	分	亿	千	百	十	万	千	百	十	元	角	分		亿	千	百	十	万	千	百	十	元	角	分

级科目编号及名称　　　　**应交税费　　　明细账**　　　　总第 99 页　分第　页

年		凭证字号	摘要	对方科目	借方金额											贷方金额											借或贷	余额										
月	日				亿	千	百	十	万	千	百	十	元	角	分	亿	千	百	十	万	千	百	十	元	角	分		亿	千	百	十	万	千	百	十	元	角	分

级科目编号及名称　　　　　**应交税费　　　　明细账**　　　　　总第 102 页　分第　　页

年		凭证字号	摘要	对方科目	借方金额											贷方金额											借或贷	余额										
月	日				亿	千	百	十	万	千	百	十	元	角	分	亿	千	百	十	万	千	百	十	元	角	分		亿	千	百	十	万	千	百	十	元	角	分

级科目编号及名称　　　　　**应交税费　　　　明细账**　　　　　总第 105 页　分第　　页

年		凭证字号	摘要	对方科目	借方金额											贷方金额											借或贷	余额										
月	日				亿	千	百	十	万	千	百	十	元	角	分	亿	千	百	十	万	千	百	十	元	角	分		亿	千	百	十	万	千	百	十	元	角	分

应付利息 明细账

级科目编号及名称 　　　　总第 108 页 　分第 　页

年		凭证字号	摘要	对方科目	借方金额											贷方金额											借或贷	余额										
月	日				亿	千	百	十	万	千	百	十	元	角	分	亿	千	百	十	万	千	百	十	元	角	分		亿	千	百	十	万	千	百	十	元	角	分

应付股利 明细账

级科目编号及名称 　　　　总第 111 页 　分第 　页

年		凭证字号	摘要	对方科目	借方金额											贷方金额											借或贷	余额										
月	日				亿	千	百	十	万	千	百	十	元	角	分	亿	千	百	十	万	千	百	十	元	角	分		亿	千	百	十	万	千	百	十	元	角	分

应付股利　明细账

级科目编号及名称　　　　总第 114 页　分第　页

年		凭证字号	摘要	对方科目	借方金额											贷方金额											借或贷	余额										
月	日				亿	千	百	十	万	千	百	十	元	角	分	亿	千	百	十	万	千	百	十	元	角	分		亿	千	百	十	万	千	百	十	元	角	分

实收资本　明细账

级科目编号及名称　　　　总第 117 页　分第　页

年		凭证字号	摘要	对方科目	借方金额											贷方金额											借或贷	余额										
月	日				亿	千	百	十	万	千	百	十	元	角	分	亿	千	百	十	万	千	百	十	元	角	分		亿	千	百	十	万	千	百	十	元	角	分

______级科目编号及名称______________ **实收资本　　　　明细账** 总第 126 页 分第______页

年		凭证字号	摘要	对方科目	借方金额											贷方金额											借或贷	余额										
月	日				亿	千	百	十	万	千	百	十	元	角	分	亿	千	百	十	万	千	百	十	元	角	分		亿	千	百	十	万	千	百	十	元	角	分

______级科目编号及名称______________ **资本公积　　　　明细账** 总第 129 页 分第______页

年		凭证字号	摘要	对方科目	借方金额											贷方金额											借或贷	余额										
月	日				亿	千	百	十	万	千	百	十	元	角	分	亿	千	百	十	万	千	百	十	元	角	分		亿	千	百	十	万	千	百	十	元	角	分

盈余公积　　明细账

级科目编号及名称　　　　　　　　　　总第 132 页　分第　　页

年		凭证字号	摘要	对方科目	借方金额											贷方金额											借或贷	余额										
月	日				亿	千	百	十	万	千	百	十	元	角	分	亿	千	百	十	万	千	百	十	元	角	分		亿	千	百	十	万	千	百	十	元	角	分

利润分配　　明细账

级科目编号及名称　　　　　　　　　　总第 135 页　分第　　页

年		凭证字号	摘要	对方科目	借方金额											贷方金额											借或贷	余额										
月	日				亿	千	百	十	万	千	百	十	元	角	分	亿	千	百	十	万	千	百	十	元	角	分		亿	千	百	十	万	千	百	十	元	角	分

级科目编号及名称 利润分配 明细账 总第 138 页 分第 页

年		凭证字号	摘要	对方科目	借方金额	贷方金额	借或贷	余额
月	日				亿千百十万千百十元角分	亿千百十万千百十元角分		亿千百十万千百十元角分

级科目编号及名称 利润分配 明细账 总第 141 页 分第 页

年		凭证字号	摘要	对方科目	借方金额	贷方金额	借或贷	余额
月	日				亿千百十万千百十元角分	亿千百十万千百十元角分		亿千百十万千百十元角分

本年利润 明细账

二级科目编号及名称 总第 144 号 分第 页

2×23年 月	日	凭证字号	摘要	对方科目	借方金额	贷方金额	借或贷	结余金额
11			承前页		637300.00	937300.00	贷	2595000.00
	30	转32	结转所得税费用至本年利润账户	所得税费用	75000.00			
	30		本月合计		712300.00	937300.00		2520000.00
	30		本年累计		14960000.00	17480000.00	贷	2520000.00
12								

生产成本明细分类账

总页次 147　分页次

产品名称 A产品　生产车间

2×23年 月	日	凭证号数	摘要	借方发生额	成本项目：直接材料	成本项目：直接人工	成本项目：制造费用
11			承前页	238045.00	140955.00	97090.00	
	30	记22	分配并结转制造费用	37205.00			37205.00
	30	记23	计算并结转完工产品成本	265500.00	134955.00	94590.00	35955.00
11	30		月末在产品成本	19500.00	12000.00	5000.00	2500.00
12							

财会主管

复核

记账

生产成本明细分类账

总页次 150 分页次

产品名称 B产品

生产车间

2×23年 月	日	凭证号数	摘要	借方发生额	直接材料	直接人工	制造费用
11			承前页	128920.00	70680.00	58240.00	
	30	转22	分配乙结转制造费用	21980.00			21980.00
	30	转23	计算乙结转完工产品成本	166400.00	80680.00	62240.00	23480.00
11	30		月末在产品成本	15500.00	10000.00	4000.00	1500.00
12							

财会主管 复核 记账

二级科目编号及名称

制造费用 明细账

总第 153 页 分第 页

2×23年		凭证号数	摘要	借方										（借）方金额分析					
月	日			千	百	十	万	千	百	十	元	角	分	办公费	物料消耗	工薪费用	水电费	折旧费	
11			承前页				2	4	5	0	5	0	0	80	960	13 091	10 374		
	30	转22	计提并结转折旧费用				3	4	6	8	0	0	0					34 680	
	30	转23	分配并结转制造费用				5	9	1	8	5	0	0	80	960	13 091	10 374	34 680	
12																			

二级科目编号及名称

主营业务收入明细账

总第 162 页 分第 页

2×23年		凭证号数	摘要	贷方											（贷）方金额分析				
月	日			亿	千	百	十	万	千	百	十	元	角	分	A产品	B产品			
11			承前页				8	2	7	0	0	0	0	0	503 000	324 000			
	29	转14	赊销宏图公司产品				1	0	8	0	0	0	0	0	60 000	48 000			
	30	转29	结转收入至本年利润账户				9	3	5	0	0	0	0	0	563 000	372 000			
	30		本年累计			9	8	0	7	0	0	0	0	0	5 718 000	4 089 000			
12																			

二级科目编号及名称

营业外收入 明细账

总第 168 页 分第 页

2×23年 月	日	凭证号数	摘要	贷方	（贷）方金额分析 债务收入	盘盈利得	罚没收入	捐赠利得	
11			承前页	4 300.00		2 800	1 500		
	30	转29	结转收入至本年利润账户	4 300.00		2 800	1 500		
	30		本年累计	38 000.00	3 820	18 900	7 280	8 000	
12									

二级科目编号及名称

主营业务成本 明细账

总第 171 页 分第 页

2×23年		凭证号数	摘要	借方											（借）方金额分析				
月	日			亿	千	百	十	万	千	百	十	元	角	分	A产品	B产品			
11			承前页				4	5	8	7	2	0	0	0	275 520	183 200			
	30	转30	结转费用至本年利润账户				4	5	8	7	2	0	0	0	275 520	183 200			
	30		本年累计			4	7	0	5	3	5	0	0	0	2 893 600	1 811 750			
12																			

二级科目编号及名称

税金及附加 明细账

总第 177 页 分第 页

2×23年 月	日	凭证号数	摘要	借方	城建税	教育费附加	地方教育附加	印花税	
11			承前页	890000	5 180	2 220	1 480	20	
	30	转30	结转费用至本年利润账户	890000	5 180	2 220	1 480	20	
	30		本年累计	10252000	59 640	25 560	17 040	280	
12	30	付15	现金购印花税票	20000				200	
	31	转18	计算并结转税金及附加	1077600	6 286	2 694	1 796		
	31	转20	结转费用至本年利润账户	1097600	6 286	2 694	1 796	200	
	31		本年累计	11349600	65 926	28 254	18 836	480	

（借）方金额分析：城建税、教育费附加、地方教育附加、印花税

二级科目编号及名称

销售费用 明细账

总第 180 页 分第 页

2×23年		凭证号数	摘要	借方									(借)方金额分析					
月	日			百	十	万	千	百	十	元	角	分	办公费	广告费	材料费	工薪费	折旧费	
11			承前页			6	4	2	1	0	0	0	790	16 100	33 200	12 920	1 200	
	30	转30	结转费用至本年利润账户			6	4	2	1	0	0	0	790	16 100	33 200	12 920	1 200	
	30		本年累计		5	8	8	1	8	0	0	0	7 100	144 900	298 900	116 280	21 000	
12																		

二级科目编号及名称

管理费用 明细账

总第 183 页 分第 页

2×23年		凭证号数	摘要	借方									（借）方金额分析						
月	日			百	十	万	千	百	十	元	角	分	办公费	修理费	差旅费	水电费	工薪费	折旧费	
11			承前页			7	4	2	9	0	0	0	4 290	31 700	6 400	10 650	21 250		
	30	转20	计提折旧费用				9	6	0	0	0	0						9 600	
	30	转30	结转费用至本年利润			8	3	8	9	0	0	0	4 290	31 700	6 400	10 650	21 250	9 600	
	30		本年累计		8	1	7	2	6	0	0	0	38 660	187 000	58 200	193 200	239 400	100 800	
12																			

二级科目编号及名称 财务费用 明细账 总第 186 页 分第 页

2×23年		凭证号数	摘要	借方										(借)方金额分析					
月	日			千	百	十	万	千	百	十	元	角	分	利息收入	手续费	工本费	利息支出		
11			承前页							5	0	0	0		20	30			
	30	转30	结转费用至本年利润账户							5	0	0	0		20	30			
	30		本年累计				2	1	9	9	0	0	0	1 800	90	200	23 500		
12																			

二级科目编号及名称

营业外支出 明细账

总第 192 页 分第 页

2×23年 月	日	凭证号数	摘要	借方 百	十	万	千	百	十	元	角	分	(借)方金额分析 捐赠支出	罚没支出	盘亏损失		
11			承前页			2	3	5	3	0	0	0	20 900	2 100	530		
	30	转30	结转费用至本年利润账户			2	3	5	3	0	0	0	20 900	2 100	530		
	30		本年累计		2	4	9	7	0	0	0	0	226 000	18 900	4 800		
12																	

所得税费用　明细账

二级科目编号及名称　　　　　　　　　　　　总第 195 号　分第　　页

2×23年 月	日	凭证字号	摘要	对方科目	借方金额	贷方金额	借或贷	余额
11	30	转31	计算并结转本月应交所得税	应交税费	7500000			
	30	转32	结转所得税费用至本年利润账户	本年利润		7500000		
12			本年累计		84000000	84000000	平	—0—

二级科目编号及名称

明细账

总第 200 页 分第 页

年		凭证字号	摘要	对方科目	借方金额											贷方金额											借或贷	余额										
月	日				亿	千	百	十	万	千	百	十	元	角	分	亿	千	百	十	万	千	百	十	元	角	分		亿	千	百	十	万	千	百	十	元	角	分

二级科目编号及名称

明细账

总第 页 分第 页

年		凭证字号	摘要	对方科目	借方金额											贷方金额											借或贷	余额										
月	日				亿	千	百	十	万	千	百	十	元	角	分	亿	千	百	十	万	千	百	十	元	角	分		亿	千	百	十	万	千	百	十	元	角	分

结算类明细账的结账方法

损益类明细账的结账方法

光明市永春机械公司

明细分类账

光明市永春机械公司 财务专用章

2X23年度

甲式账的登记方法

乙式账的登记方法

多栏式明细账的登记方法

明细分类账封底

会计论道与课程思政

贪婪的猴子——会计工作谨防贪婪

在阿尔及尔地区有一种猴子，经常偷食农民的玉米。当地的农民根据这些猴子的特性，发明了一种捕捉猴子的巧妙方法。农民们把一只葫芦型的细颈瓶子固定在大树上，再在瓶子中放入猴子们最爱吃的玉米，然后就“静候佳音”了。到了晚上，猴子来到树下，见到瓶中的玉米十分高兴，就把爪子伸进瓶子去抓玉米。这种瓶子的妙处就在于猴子的爪子刚刚能够伸进去，当它抓住一把玉米时，爪子却怎么也拉不出来了。贪婪的猴子绝不可能放下已到手的玉米，就这样，它的爪子也就一直抽不出来，它就死死地守在瓶子旁边。直到第二天早晨，农民把它抓住的时候，它依然不会放开爪子，直到要把那玉米放入嘴中。

资料来源　张健鹏，胡足青．老谋深算（小中见大智慧文丛）［M］．北京：当代世界出版社，2005.

教授寄语：党的二十大报告中提出：“腐败是危害党的生命力和战斗力的最大毒瘤，反腐败是最彻底的自我革命。只要存在腐败问题产生的土壤和条件，反腐败斗争就一刻不能停，必须永远吹冲锋号。”人从猴子进化而来，当然比猴子聪明一些。如果把玉米换成金钱、权力，上当的恐怕就是人而不是猴子了。会计与金钱打交道，莫伸手，伸手必被捉。

新闻速递

与华尔街与狼共舞
小米上市艰难历程

错账更正：
划线更正法

错账更正：
红字更正法（一）

错账更正：
红字更正法（二）

错账更正：
补充登记法

库存现金日记账
的登记方法

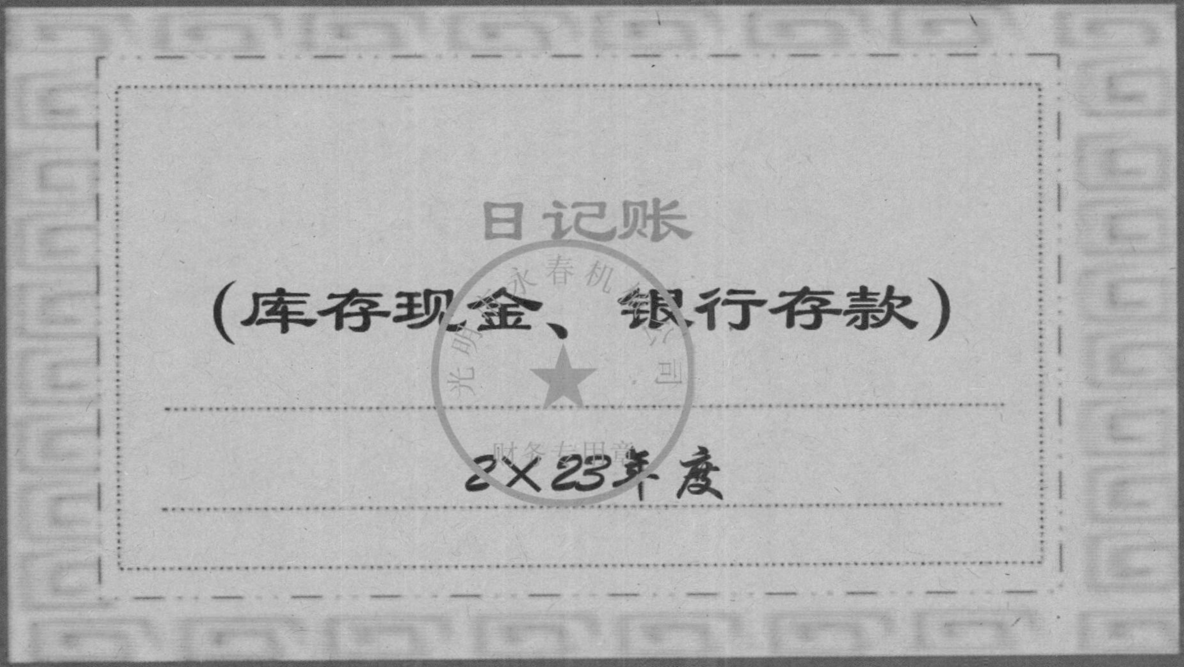

日记账

（库存现金、银行存款）

2×23年度

银行存款日记账
的结账方法

日记账封底

会计论道与课程思政

一张讨债单——会计人员也并非不近人情

一位朋友在一家外企做会计。公司的贸易业务很忙，工作节奏很快，往往是上午对方的货刚发出，中午账单就传真过来了，随后就是快递过来的发票、运单等。朋友的桌子上总是堆满了各种讨债单。讨债单太多了，都是千篇一律地要钱，朋友常不知该先付谁的好，经理也一样，总是大概看一眼就扔在桌上，说："你看着办吧。"但有一次经理却马上说："付给他！"仅有的一次！那是一张从巴西传真来的账单，除了列明货物标的、价格、金额外，在空白处写着一个大大的"SOS"，旁边还画了一个头像，头像正在滴着眼泪，简单的线条，但很生动。这张不同寻常的账单一下子引起了朋友的注意，也引起了经理的重视，经理一看便说："人家都流泪了，以最快的方式付给他吧。" 经理和这位朋友心里都明白，这讨债人未必在真的流泪，但他却成功了，以最快速度讨回大额货款。因为他多用了一点心思，把简单的"给我钱"换成了一个富含人情味的小幽默。仅此一点，就从千篇一律中脱颖而出。

资料来源　张健鹏，胡足青．心有灵犀（小中见大智慧文丛）[M]．北京：当代世界出版社，2005.

教授寄语：世界上每天都有很多人在碰壁，他们都千篇一律地在用规范但雷同的运作方式，其实一点小小的改进、一种新的方式就可能会给自己带来好运。

新闻速递

粉饰报表伪造单据
华锐风电"吃"顶格罚单

总分类账的登记
——逐笔登记法

总分类账的登记
——汇总登记法

光明市永春机械公司

总分类账

光明市永春机械公司
财务专用章

2×23年度

总分类账的
结账方法

总分类账封底

会计论道与课程思政

天堂和地狱——会计工作强调分工协作

有人和上帝谈论天堂和地狱的问题。上帝对这个人说："来吧，我让你看看什么是地狱。"他们走进一个房间，屋里有一群人围着一大锅肉汤。每个人看起来都营养不良、绝望又饥饿。他们每个人都有一只可以够到锅子的汤匙，但汤匙的柄比他们的手臂要长，自己没法把汤送进嘴里。他们看上去是那样悲苦。"来吧，我再让你看看什么是天堂。"上帝把这个人领入另一房间。这里的一切和上一个房间没什么不同。一锅汤、一群人、一样的长柄汤匙，但大家都在快乐地歌唱。"我不懂，"这个人说，"为什么一样的待遇与条件，而他们快乐，另一个房间里的人们却很悲惨？"上帝微笑着说："很简单，在这儿他们会喂别人。"

资料来源　张健鹏，胡足青. 天堂地狱（小中见大智慧文丛）[M]. 北京：当代世界出版社，2005.

教授寄语：党的二十大报告中提出："构建人类命运共同体是世界各国人民前途所在。万物并育而不相害，道并行而不相悖。只有各国行天下之大道，和睦相处、合作共赢，繁荣才能持久，安全才有保障。"助人就是助己，生存就是共存。社会分工越细，每个人对他人的依存度就越高，不会与别人合作，就相当于把自己送入地狱。

新闻速递

内部控制缺失

会计蚂蚁搬家挪走公款600万元

光明市永春机械公司

会　计　报　表

（资产负债表、利润表）

2×23 年 12 月

会计报表封底

会计论道与课程思政

自己建造的房子——会计工作要善始善终

有个老木匠准备退休，他告诉老板，自己要离开建筑行业，回家享受天伦之乐。老板舍不得做得一手好活计的木匠走，再三挽留，木匠决心已下不为所动。老板只得答应，但问他是否可以帮忙再建一座房子，老木匠答应了。在盖房过程中，大家都看得出来，老木匠的心已不在工作上了。用料也不那么严格，做出的活计也全无往日水准。老板并没有说什么，只是在房子建好后，把钥匙交给了老木匠。“这是你的房子。”老板说，“我送给你的礼物。”老木匠愣住了，同样，他的后悔与羞愧大家也都看出来了。他这一生盖了多少好房子，最后却为自己建了这样一幢粗制滥造的房子。

资料来源　张健鹏，胡足青．并非偶然（小中见大智慧文丛）［M］．北京：当代世界出版社，2005.

教授寄语：其实我们每时每刻都在为自己建造着生命的归宿，今天的任何一个不负责任的后果，都会在以后的某个地方等着你。

新闻速递

谎言连环套中套
物流账单露马脚

光明市永春机械公司

记账凭证封面

第	册
共	册

自　　年　　月　　日至　　年　　月　　日

凭证名称	凭证起讫号码		凭证张数	附件张数	备注
	自	至			

会计档案	全宗号	目录号	案卷号	保管年限

财会主管　　　　装订

记账凭证封底

抽出凭证记录

抽出日期			抽出凭证名称	抽出原因	抽出人签字	经管人签字	归还日期			收件人
年	月	日					年	月	日	

光明市永春机械公司

记账凭证封面

第	册
共	册

自　年　月　日至　年　月　日

凭证名称	凭证起讫号码		凭证张数	附件张数	备注
	自	至			

会计档案	全宗号	目录号	案卷号	保管年限

财会主管　　　　装订

记账凭证封底

抽出凭证记录

抽出日期			抽出凭证名称	抽出原因	抽出人签字	经管人签字	归还日期			收件人
年	月	日					年	月	日	

光明市永春机械公司

记账凭证封面

第	册
共	册

自　年　月　日至　年　月　日

凭证名称	凭证起讫号码		凭证张数	附件张数	备注
	自	至			

会计档案	全宗号	目录号	案卷号	保管年限

财会主管　　　　装订

记账凭证封底

抽出凭证记录

抽出日期			抽出凭证名称	抽出原因	抽出人签字	经管人签字	归还日期			收件人
年	月	日					年	月	日	

光明市永春机械公司

记账凭证封面

第	册
共	册

自　　年　　月　　日至　　年　　月　　日

凭证名称	凭证起讫号码		凭证张数	附件张数	备注
	自	至			

会计档案	全宗号	目录号	案卷号	保管年限

财会主管　　　　　　装订

记账凭证封底

抽出凭证记录

抽出日期			抽出凭证名称	抽出原因	抽出人签字	经管人签字	归还日期			收件人
年	月	日					年	月	日	

年 月 第 号至第 号 第 册 共 册

记账凭证装订包角

年 月 第 号至第 号 第 册 共 册

年 月 第 号至第 号 第 册 共 册

记账凭证装订包角

年 月 第 号至第 号 第 册 共 册

包角使用说明：

首先，该面朝上，与凭证左上角对齐。①采用“手工穿线装订法”的，在包角所给“●”处打孔，然后穿线并结紧；②采用“铆管装订机装订法”的，在包角所给“●”处打孔，然后插入铆管并热铆装订。其次，沿折叠线往上折。最后，将包角的两翼往后折并涂胶水粘紧。

穿孔

折叠线

沿虚线（打孔线）裁下成两个十字包角

包角使用说明：

首先，该面朝上，与凭证左上角对齐。①采用“手工穿线装订法”的，在包角所给“●”处打孔，然后穿线并结紧；②采用“铆管装订机装订法”的，在包角所给“●”处打孔，然后插入铆管并热铆装订。其次，沿折叠线往上折。最后，将包角的两翼往后折并涂胶水粘紧。

沿虚线（打孔线）裁下成两个十字包角